JN410749

김병완의 성공과 행복 시리즈 3부작 2권

제목: 우자일득 (愚者一得) 의 법칙

부제: 성공은 마음먹기에 달려 있다

" 백 리를 가는 사람에게는 구십 리가 반이다."

(行百里者半九十)

- 전국책 -

프롤로그 _ 성공과 행복은 저절로 오지 않는다

우리나라는 과거 어느 때보다 가장 풍요롭고 화려한 시대를 열어 가고 있다. 하지만 우리 삶의 질과 모습을 비추어 볼 수 있는 사회 지표들은 어둡기 짝이 없다. 이혼율과 자살률만 봐도 그렇다.

경제 성장에 성공한 한국 사회가 왜 이렇게 삶의 질적 측면에서 실패하고 있을까? 그것은 성공적이고 행복한 삶에도 그에 합당한 기술이 필요하다는 사실을 간과했기 때문이다. 그런 점에서 성공과 행복에 관한 기술은 존재한다고 말할 수 있다.

돈을 버는 기술은 지금 난무하고 있다. 돈을 많이 벌고, 승진하고, 높은 지위를 갖추는 것에 대한 기술과 방법을 알려 주는 책은 차고 넘치며, 그러한 책들만 집중적으로 보는 사람들도 많아지고 있다. 그러나 참된 성공과 행복한 삶을 살기 위해서는 또한 행복해지는 기술과 성공적인 삶을 살아가는 기술을 알아야 하고, 지속적으로 향상시켜 나가야만 한다.

세상에는 공짜가 없다. 행복한 삶을 살기 위해서는 행복의 기술을 익혀야 하고, 성공적인 삶을 살기 위해서는 성공의 기술을 배우고 익혀야 한다. 인생에는 정답이 없듯, 행복한 삶과 성공적인 삶에 대해서도 정답은 없다. 다만 좀 더 나은 성공과 행복에 대한 기술은 충분히 발견하고, 연습하고, 지향할 수 있다. 그러한 연습을 통해 행복과 성공의 기술을 익힐수록 더욱더 행복하고 성공적인 삶을 살아갈 수 있다. 성공과 행복은 결코 저절로 오지 않는다.

여기서 한 가지 문제는 한 개인의 삶의 경험이나 지식, 사고는 매우 한정적이기 때문에, 성공과 행복의 기술이 이 땅에 존재한다고 할지라도, 정확히 찾아낼 수 없다는 사실이다. 그렇다면 어떻게 해야 할까? 현인 중 한 명인 소크라테스의 말을 빌려 보자.

“남의 책을 많이 읽어라. 남이 고생하여 얻은 지식을 아주 쉽게 내 것으로 만들 수 있고, 그것으로 자기 발전을 이룰 수 있다.”

그렇다. 타인의 책을 엄청나게 많이 읽고, 그것을 통

해 엄청난 발전을 이루어 내면 성공과 행복의 기술을 정확히 찾아낼 수 있다. 그러한 생각으로 다니던 직장을 그만두고 조용한(?) 지방에 내려와 3년 동안 도서관에만 처박혀 목숨을 걸고 책을 읽었다. 3년 동안 책을 읽다 보니 책의 고수가 되었다. 누구라도 그렇게 책을 읽으면 독서 고수가 될 것이다. 읽다 보니 처음에는 한 권의 책을 읽는 데 며칠이 걸렸지만, 이제는 한 권의 책을 읽는 데 30분이면 충분하게 되었다. 하루 열 권 이상의 책을 거뜬히 독파할 수 있게 되었고, 일 년이면 대략 3,000권을, 3년이 되니 대략 9,000권의 책을 읽은 것이 되었다. 지금은 만 권의 책을 충분히 독파했다고 여겨진다.

책의 위력은 실로 엄청났다. 그 어떤 바보라도 한 달에 서너 권의 책을 쓸 만큼의 다작가로 도약하게 만드는 것이 수만 권 책의 위력임을 필자는 몸소 체험했다. 3년 전에는 책 한 권이 아니라 문장 하나도 제대로 만들지 못했던 둔재가 이제는 안에서부터 책들이 넘쳐흐르는 기이한 현상을 경험했다. 오히려 몸이 더 이상 받쳐 주지 않는다는 사실도 알게 되었다. 하루에 열 시간이고 열다섯 시간이고 계속 쓸 수 있지만, 몸의 여기저기서 난리가 나기 때문이다.

만 권의 책을 읽어 보지 않은 사람은 만 권의 책을 읽은 사람에게 생기는 놀라운 의식과 사고의 팽창을 이해하지 못한다. 그것은 대학교를 다녀 보지 않은 사람이 대학교 생활에 대해 잘 모르거나, 혹은 군대를 가보지 않은 여자들이 군대에서 3년 동안(필자가 다녔을 때는 3년 가까운 30개월이었다) 인생의 진수를 느끼고 정신적으로 성장하는 남자들을 이해할 수 없는 것과 마찬가지이다. 만 권의 책을 읽은 두 명의 선배에게 그 놀라운 경험을 들어 보자. 중국의 시성 두보杜甫와 추사 김정희 선생이다.

중국 최고의 시인으로 시성이라 불렸던 두보는 '만 권의 책을 읽으면 글을 쓰는 것도 신의 경지에 이른다讀書 破萬卷下筆 如有神' 라고 말한 바 있다. 평생 글쓰기에 대한 교육을 받은 적이 없고, 그쪽 분야의 전공과 전혀 상관이 없는 평범한 공학도에 평범한 직장인으로, 이제 머리가 굳을 만큼 굳은 중년의 나이에 다양한 분야의 책을 써낼 수 있는 사람으로 성장할 수 있었던 것은 오롯이 만 권의 책의 위력임에 틀림이 없다.

추사 김정희 역시 '만 권의 책을 읽으면 그림과 글이

절로 나온다' 라고 말한 바 있다. 이 말이 거짓이 아니라 진실임을 알게 되었다. 필자는 만 권의 책을 읽은 후 글을 쓰지 않고는 버틸 수 없는 강력한 글쓰기 욕망을 체험했기 때문이다. 뿐만 아니라, 도저히 컴퓨터 자판을 두드리는 속도가 따라오지 못할 정도로 내면에서 글이 뿜어져 나오는 경험을 너무나 자주 했다.

이 책도 필자의 경험의 소산물이다. 만 권의 책을 통해 얻게 된 성공과 행복의 7가지 기술을 함께 나누기 위해 이 책을 썼다. '대부분의 사람은 행복해지려고 결심한 만큼 행복해진다' 는 링컨의 말처럼, 우리는 행복해지려고 결심하고 노력한 만큼 행복해질 수 있다. 성공하려고 결심하고 노력한 만큼 성공할 수도 있다. 이 책은 그렇게 결심하고 노력하는 사람들을 위한 책이다.

목차

제7장. 습여성성 習與性成 I _ 위대한 성공 습관은 독서다.

위인들의 위대한 성공 습관은 독서이다
21일이면 새로운 습관을 형성할 수 있다
부자들은 부자들만의 습관이 있다
좋아하는 일을 하는 것이 성공 비결이다
성공하는 비결은 일도 놀이처럼 하는 것이다

에필로그_ 성공과 행복은 우리 안에 있다

그러므로 나는 사람이 자기 일에 즐거워하는 것보다 나은 것이 없음을 보았나니. - 솔로몬

제5장. 우자일득 愚者一得 _ 성공은 마음이 결정한다.

나에게 유머가 없었다면 오늘의 나도 없었을 것이다.
기억하라. 한 번 웃을 때마다
성공의 확률이 조금씩 높아진다는 것을.
　　　　　　　- 오프라 윈프리

유쾌함과 즐거움은 하늘이고, 그 하늘 아래서는 모든 것이 번성한다. - 장 파울

웃지 않고 보낸 날은 실패한 날이다. - 찰리 채플린
웃는 사람은 웃지 않는 사람보다 오래 산다.
　　　　　　　- 제임스 웰시
우리는 행복하기 때문에 웃는 것이 아니다. 웃기 때문에 행복해진다. - 윌리엄 제임스

질병과 슬픔을 극복하는 데 도움이 되는 것은 웃음과 유머뿐이다. - 찰스 디킨스

배가 고플 때는 노래를 부르고, 상처를 입었을 때는 웃어라. - 유태인 속담

원하는 것을 칼로 얻으려 하지 말고, 웃음으로 얻으라.

- 셰익스피어

유머야말로 현대 정신 건강의 가장 위대한 발명이다.

- 옥타비오파스

내가 상대성 원리를 발견한 비결은 어릴 때부터 웃음을 중시한 데 있습니다.

- 아인슈타인

만약 내가 웃지 않았다면 이미 죽었을 겁니다.

- 링컨 대통령

유머는 인간이 가지고 있는 가장 우아한 방어기제 중에 하나이다. - 프로이트

부는 웃음 가득한 집만 노크한다. -일본 속담

유머는 곤경을 딛고 올라서서 보다 초연한 방식으로 우리 자신을 바라보게 해준다. - 빅터 E. 프랭클

– 일류와 이류의 차이를 만드는 것은 생각뿐이다

생각만으로 실제 근육이 늘어나고, 더 빨리 달리고, 더 잘할 수 있다. 100미터 달리기를 해보라. 기록이 얼마나 나왔는가? 이제는 그 기록보다 훨씬 빨리 달리는 모습을 상상하고 생각하라. 훨씬 빨리 달리는 모습을 5분에서 10분 정도 상상하고 생각한 후 다시 100미터를 달려 보라. 직전의 기록보다 빠른 기록이 나올 것이다.

이것도 해보라. 팔을 들어 오른쪽으로 젖혀 봐서 어디까지 팔이 젖혀지는지 확인한다. 이번에는 먼저 엄청나게 많이 돌아가는 자신의 팔을 상상한 후 다시 젖혀 보라. 이전보다 확실히 많이 돌아가는 팔을 체험할 수 있을 것이다.

수많은 연구와 실험 결과, 생각만으로 근육이 성장하고, 힘이 증가하는 효과를 얻었다. 미국 시카고 대학에서 실시했던 실험이 있다.

첫 번째 그룹은 30일 동안 자유투 연습을 하지 않게 하였다. 두 번째 그룹은 30일 동안 매일 자유투 연습을 하게 했다. 마지막 세 번째 그룹은 30일 동안 마음속으로만 상상하여 연습하게 하였다. 그 결과는 어땠을까? 첫 번째 그룹은 30일 전이나 후나 전혀 변화가 없었다. 두 번째 그룹은 30일 전보다 24% 정도 잘 던졌다. 상상만 한 세 번째 그룹은 놀랍게도 30일 전보다 23%의 성공률을 보였다. 상상만으로도 실제 연습한 것과 동일한 효과를 볼 수 있다는 결과이다. 가장 큰 이유는 우리의 뇌는 실제 연습과 생각만으로 하는 연습을 분별해 내지 못한다는 것이다.

부정적인 생각을 할 때보다 긍정적인 생각을 할 때 힘이 샘솟고 에너지가 훨씬 많이 넘쳐 난다는 연구 결과가 있다. 지금 바로 증명해 보일 수도 있다. 먼저 자신이 실연이나 실패, 죽음처럼 부정적인 단어를 깊게 생각한 후 무거운 짐을 들어 보라. 힘이 많이 든다. 이번에는 사랑, 생명, 희망, 성공, 행복이란 단어처럼 긍정적인 단어를 깊게 생각한 후 똑같은 짐을 들어 보라. 훨씬 힘이 들지 않는다.

지식 생태학자인 유영만 박사는 다음과 같은 의미심장한 말을 했다.

"일류와 이류의 차이는 도전에 한계를 두느냐, 아니면 한계에 도전하느냐로 갈린다. 이류들은 도전하기 전에 한계를 먼저 그어 놓는다. 그 한계는 물리적 한계가 아니라, 심리적 한계다."

우리의 삶과 인생을 제대로 옭아매고 한계를 정하는 무시무시한 마음의 감옥이다. 우리는 마음의 감옥을 과감하게 극복하고 넘어설 수 있는 크고 위대한 생각을 해야 한다.

심리적 한계가 얼마나 큰 영향을 주는지 살펴보기 위해 벼룩의 이야기를 해보자. 벼룩은 누구나 알고 있듯이 높이뛰기 선수이다. 자기 키의 몇백 배를 뛸 수 있는 곤충이다. 벼룩을 잡아서 빈 유리 상자에 집어넣으면 위로 뛰어서 달아날 수 있다. 그런 벼룩이라도 투명한 유리판으로 유리 상자를 덮어 놓고 관찰하면 매우 신기한 현상이 벌어진다.

벼룩들은 자신들이 키보다 몇 백 배를 뛸 수 있다는 사실을 잘 알고 있다. 투명판이 있어도 높이 뛰어오른다. 처음에는 자신들이 뛰어올랐던 만큼 뛰려고 해서 수도 없이 유리판에 부딪힌다. 며칠이 지나고 몇 주가 지난 후에 유리판을 살짝 치웠다. 그러자 벼룩들은 그 유리판 높이 아래로만 뛰었다. 벼룩들은 경험을 통해 마음의 한계, 높이의 한계를 설정해 버린 것이다. 더 이상 마음의 한계를 벗어나서 과거처럼 높게 뛰지 못한다고 한다.

벼룩에게만 적용되는 이야기일까? 절대 아니다. 물고기에게도 적용된다는 연구 결과가 있다. 남아메리카에 사는 육식성 민물고기인 피라냐를 수조에 넣어 놓고, 수조의 중간을 투명한 유리판으로 막아 놓았다. 처음에는 피라냐도 벼룩처럼 끊임없이 돌진하면서 머리에 상처를 입었다. 다음 날에는 조금 적게 시도하고, 그 다음 날에는 전날보다 더 적게 시도했다. 몇 주 후 아예 유리판을 치워 버리고 수조 반대편으로 건너갈 수 있도록 해주었다. 피라냐는 그 유리판이 있던 위치를 절대 통과해서 나아가지 않았다. 스스로 한계를 지어 버렸다.

과연 곤충이나 물고기에게만 적용되는 어리석은 현상에 불과할까? 절대 아니다. 어리석은 과거의 경험에 가장 크게 영향을 받는 동물이 인간이라는 사실을 아는가? 인간은 한 술 더 뜬다. 다른 여러 가지 상황에도 그대로 적용하여 그 악영향이 일파만파로 커지게 된다. 인간의 놀라운 학습 능력이 플러스로 작용하면 엄청나게 좋지만, 마이너스로 작용하면 그만큼 나쁜 영향을 받게 된다.

심리학에서는 '학습된 무기력', '학습된 무력감' 이라고 말한다. 저명한 심리학인 마틴 셀리그만이 처음 명명한 것이다. 반복되는 경험과 그로 인한 스트레스로 인해 아무것도 할 수 없게 상태를 지칭한다. 몇 번 실패를 경험한 사람들은 여전히 실패만 하게 된다. 인생에서 시도한 일들이 모두 잘 안되는 것을 경험한 사람들은 항상 입버릇처럼 말한다.

"나는 역시 안되는구나! 내가 하는 일은 다 이렇다니까!"

이제 우리는 심리적 한계, 학습된 무력감을 극복할 수 있는 말들을 입버릇처럼 할 수 있는 사람이 되어야 한다. 심리적 한계, 학습된 무력감을 넘어설 수 있게 만드는 크고 위대한 생각 스위치를 켜야 한다. 자신의 능력을 일깨울 수 있는 말을 하는 시작점이다.

"역시 나는 될 줄 알았어. 역시 나는 된다니까! 지금까지는 연습에 불과했어. 결국에는 된다니까!"

영국의 비평가 겸 역사가인 토머스 칼라일은 말했다.

"이 세상의 모든 위대한 사업의 시초는 사람의 머릿속에서 먼저 계획된 것이다. 그렇기 때문에 그대의 상상을 풍부하게 하라. 커다란 건축물들도 먼저 사람의 머릿속에서 그 형태가 그려진 연후에 만들어졌다. 현실은 상상의 그림자다."

우리가 어떤 수준의 상상을 하든, 그 수준만큼 성장할 수 있고 이룰 수 있다. 지금 이 순간 우리가 가장 먼저 해야 할 일은 작고 평범한 생각들을 버리고 큰 생각을 가슴에 품는 것이다. 크고 위대한 생각을 결코 해 보지 않은 사람 중에 큰일을 해내고 성취한 사람은 한 명도 없다는 사실을 명심하자.

그렇다. 실력의 차이가 아니라 심리적인 차이일 뿐이다. 이류들은 모두 소극적이고 부정적인 생각을 한다. '해도 안 될 것이다. 그 정도는 못 할 것이다' 라는 생각의 노예들이다. 일류는 그러한 생각을 뛰어넘어 '난 최고이다. 난 할 수 있다. 난 멋진 작품을 만들 수 있어. 난 될 수 있어. 난 된다' 라는 큰 생각, 위대한 생각을 한다. 생각의 종류, 생각의 차이에 따라 일류와 이류가 갈리고, 성공과 실패가 갈린다. 똑같은 상황이나 조건에서 어떤 사람은 성공의 발판이 되지만, 또 어떤 사람은 도저히 헤어 나오지 못하는 실패의 구렁텅이가 될 수도 있다.

조앤 롤링은 이혼녀로 비참한 인생을 살았다. 실력도, 경력도, 재능도, 돈도, 직장도 없었다. 심지어 남편도 없었다. 하지만 그녀로 하여금 실패에서 성공으로 이동할 수 있게 해준 것은 그녀가 가진 위대한 생각이었다. 그녀는 가장 비참한 최악의 상황에서도 남들처럼 실패의 쓴잔을 마시며 절망과 자포자기의 생각을 하지 않았다. 그녀는 '가장 밑바닥을 쳤기 때문에 더 이상 두려울 것도, 꺼릴 것도, 못 할 것도 없다' 는 위대한 생각을 했다. 위대한 생각, 큰 생각이 결혼에 실패하고 가난한 무명작가를 매년 수천억 원을 벌어들이는 세계 최고의 베스트셀러 작가라는 위대함으로 이끌었던 것이다.

스탠포드 대학의 심리학 교수인 캐롤 드웩 박사는

《성공의 심리학》이라는 저서를 통해, 생각의 차이가 모든 것을 결정한다고 분명하게 주장하고 있다. 20여 년에 걸친 연구 결과, 성공하는 사람과 실패하는 사람의 가장 큰 차이는 시각과 견해 차이, 즉 생각의 차이라는 사실을 밝혔다.

자신이 변할 수 있고, 성장할 수 있고, 성공할 수 있다고 생각하는 사람이 있는 반면, 아무리 해도 더 이상 성장할 수 없고, 더 이상 발전이 없다고 생각하는 사람이 있다. 전자는 성장 마인드 세트를 가진 사람이고, 후자는 고착된 마인드 세트를 가진 사람이다. 지속적으로 성장하고 성공하는 사람들은 성장 마인드 세트를 가진 사람들이다. 드웩 박사는 현재 능력이나 실력보다는 어떠한 마인드 세트, 사고방식을 가지고 있느냐 하는 요소가 성공과 실패에 가장 큰 영향을 끼친다고 주장한다.

– 인간은 자신의 생각을 닮아 가는 존재이다

사람은 자신의 생각을 닮아 가게 된다. 사람은 자신의 생각대로 이끌린다. 자신의 생각만큼 살 수밖에 없다. 자신의 생각만큼 행복해지고, 자신의 생각만큼 성공한다. 자신의 생각보다 행복할 수 없고, 자신의 생각보다 성공할 수 없다. 그렇기 때문에 크고 위대한 생각을 해야 한다. 행복하고, 희망적이고, 긍정적인 생각을 해야 한다.

주어진 환경과 여건이 아무리 힘들어도 변동적이다. 그러한 것들에 좌지우지되는 행복은 행복이라기보다 순간의 기쁨과 같다. 참된 행복은 환경과 여건, 형편의 변화 속에서도 언제나 변하지 않는 긍정적인 생각을 통해 얻는 행복이다.

반세기 동안 하버드 대학생들의 행복 일대기를 연구한 <그랜트 연구>에서 얻어 낸 소중한 결론이 있다. 행복은 우리의 삶에서 발생하는 수많은 일들에 직접적, 지속적으로 영향을 받지 않는다. 그러한 일들을 어떤 식으로 생각하고 대처하느냐는, 이른바 '성숙한 방어 기제' 능력에 더 많은 영향을 받는다. 우리의 행복을 좌지우지

할 수 있는 것은 외부적인 환경이나 불행한 사건 사고가 아니라, 그것을 대하는 우리의 사고방식과 태도이다. 고통에 대응하고 적응할 수 있는 성숙한 자세가 행복한 삶을 살기 위해 반드시 필요하다는 결론이다. 물론 긍정적으로 생각하는 생각의 힘에서 비롯된다.

마음가짐, 생각의 중요성을 강조하는 애덤 잭슨 역시 저서 《행복의 비밀》에서 같은 맥락의 주장을 하고 있다. 그는 행복한 사람과 불행한 사람의 차이는 환경과 조건에 있지 않고, 그들의 마음가짐, 생각에 있다고 설파한다. 마음가짐은 우리의 삶을 채색하는 마음의 붓이다. 어떤 색으로 색칠할지는 자신이 선택할 수 있다는 의미이다.

감정은 우리 생각의 결과이다. '세상에는 좋고 나쁜 것이 없다. 다만 그렇게 생각하는 사람만 있다' 고 말한 셰익스피어처럼 우리의 감정도 생각의 결과이다. 우리는 모든 일상과 사건과 사물에 대하여 좋은 것과 나쁜 것, 기분 좋은 것과 슬픈 것 등으로 이전에 세워 놓은 기억과 기준에 따라 나누어 버린다. 그 결과 감정이 생겨나는 것이다.

공부로 몰입의 경지에 오른 사람에게 공부란 즐겁고, 재미있고, 기분 좋은 것이다. 공부를 못해 낙오자로 찍히고 비웃음을 받은 자들에게 공부란 가장 하기 싫고, 재미없고, 슬픈 것이다. 우리의 기분과 생각의 비밀스러운 관계이다. 생각을 바꾸면 그토록 하기 싫은 일도 하고 싶은 감정이 생긴다.

《행복의 심리학》의 저자인 마이클 포다이스 박사는 매우 놀라운 실험 결과를 발표한 적이 있다. 행복해지는 상상에 우리의 생각과 마음을 집중하는 것만으로도 매우 행복해진다는 결과였다. 그는 보통 학생들에게 행복한 사람들의 습관을 연구하게 했다. 그 주제에 대해 배우고 연구하면서 집중한 것만으로도 학생들은 매우 행복해졌고, 삶의 만족도가 상승했다. 필자도 성공과 행복을 주제로 오랫동안 공부하면서 너무나 행복한 느낌을 느꼈다. 이 책을 쓰기 위해 수많은 행복학 도서를 섭렵하면서 정말로 크나큰 행복감에 젖어 살았다.

현대 심리학의 최대 발견 중에 하나가 '우리는 우리의 생각을 선택할 수 있으며, 그 생각은 그에 어울리는 감정을 유발한다'는 사실이다. 행복 자체가 아니라 해

석, 즉 마음가짐이 감정을 결정할 수 있다는 주장들이다.

'나는 행복하다. 나는 건강하다. 나는 지금 최고의 기분이다' 라고 생각하면, 정말로 그 생각에 맞는 기분과 감정이 유발된다. 플라시보 효과와 동일한 메커니즘으로 설명이 가능하다. 가짜 약을 주면서 병이 치료됨을 암시해 주면 환자는 '이제 내 병이 치료될 것이다' 라는 생각을 하게 된다. 생각에 따라 환자의 몸과 마음과 뇌가 움직여서 가짜 약임에도 불구하고 병이 치료되고 호전되는 이치이다.

우리 마음속의 작은 생각들이 파장을 통해 퍼져 나가면, 지구 반대편처럼 먼 곳에서는 태풍과 같은 강한 힘을 발생시켜 원하는 것을 이루어지게 만든다. 괴테는 다음과 같은 의미심장한 말로 표현했다.

"내가 원한다는 말에는 강력한 힘이 있다. 별이 하늘에서 떨어진 이유에 대해 한마디로 말하면 내가 원해서다."

'생각의 나비 효과' 는 눈에 보이지 않아서 놀라움으

로 다가온다. 흔히 '드러남의 법칙' 이나 '끌어당김의 법칙' 들로 알려졌지만, 필자는 '생각의 나비 효과' 라는 말로 새롭게 정의하고자 한다.

나비의 날갯짓 자체에는 힘이 없다. 지구 반대편에서 태풍을 불러일으킬 만한 힘은 바람들이 모이고 모여서 파동을 통해 확산되면서 이루어진다. 마찬가지로 생각 자체는 단순한 스위치에 불과하다. 우리 뇌 속에 흐르는 수많은 뉴런들에 전기적, 화학적 흐름과 스파크가 발생한 것에 불과하다. 이러한 전기적, 화학적 흐름 자체에는 아무 힘도 없다. 그러다 차츰 우리 내면의 구석구석에 생각들이 확산되고 의식적으로 흘러간다. 몸을 지나 세상과 우주로 퍼져 나가면서 태풍 같은 힘과 에너지로 결집되어 눈앞에 실현되는 것이다.

필자는 기존의 드러남의 법칙이나 끌어당김의 법칙을 새로운 각도에서 재구성하고, 재해석하고자 하였다. 그 결과로 도출된 내용이 생각의 나비 효과이다. 아인슈타인은 '생각할 수 있는 것은 모두 실현 가능하다' 고 표현하였다. 로버트 콜리어는 '가질 수 있다고 생각하면 이 세상에 가질 수 없는 것은 단 하나도 없다' 라고 말했다.

나비 효과라는 말은 처음 미국의 기상학자인 에드워드 로렌츠가 발표한 논문에서 사용되었다. 그는 '중국 베이징에 있는 나비의 날갯짓이 미국 뉴욕에서 발생한 폭풍의 원인이 될 수 있는가?' 라는 내용의 논문에서 '작은 변화가 엄청난 결과를 가져올 수 있다' 는 것을 나비 효과라고 명명하였다.

나비 효과는 날씨에만 국한되지 않는다. 우리의 뇌 속에서 일어나는 작은 생각이 결국에는 엄청난 결과를 만들어 낼 수 있다. 생각의 나비 효과는 생각하는 대로 모든 것이 이루어질 수 있도록 거대한 태풍과 같은 힘을 우리 몸속에서 끄집어내는 강력한 스위치의 원리이다.

아주 작은 전기적, 화학적 변화가 우리 뇌의 뉴런을 통해 일어날 때 조금 더 큰 이미지로 확산된다. 이 이미지는 좀 더 큰 범위인 우리의 몸 전체로, 마음 전체로 확산된다. 다시 보다 큰 감정과 기분이 온몸에 흐르고 감싸게 한다. 기분과 감정, 눈에 보이지 않는 에너지는 우리 몸을 떠나 훨씬 큰 영역인 세상과 우주로 확산되어 나간다.

우주 어딘가에서 폭풍 같은 힘을 발휘하게 되고, 그 힘과 에너지는 작은 생각이 큰 현실로 나타나게 만든다.

작은 생각이 이미지가 되고, 이미지가 감정과 기분을 바꾸고, 감정과 기분은 행동과 습관이 된다. 행동과 습관은 우리의 인생 자체를 바꾸어 버리는 큰 효과를 나타낸다. 이것이 바로 '생각의 나비 효과' 법칙이다.

나폴레온 힐의 저서 《생각하라. 그러면 부자가 되리라》가 생각의 나비 효과를 잘 나타내고 있다. 그는 세계 최대 거부들과 성공한 사람들의 삶을 오랫동안 연구하여 성공의 법칙을 밝혀내는 데 성공했다. 그는 앤드류 카네기, 토머스 에디슨, 찰스 슈왑, 마샬 필드, 윌리엄 듀런트, 월터 크라이슬러 같은 갑부들을 연구했다. 그 결과 성공의 법칙으로 가장 중요한 것을 우리의 마음 자세로 두고 있다.

마음가짐은 사람이 완전히 통제할 수 있는 유일한 대상이다. 마음가짐은 전자석과 같아서 한 사람을 지배하고 있는 생각, 목표, 의도의 결실을 끌어당긴다. 공포와 불안, 의심이 마음가짐을 지배하고 있다면 그처럼 부정적인 결과들을 끌어당긴다. 성공을 위해서는 출세, 행복, 열정, 건강, 신념, 희망, 자제심, 자유 같은 긍정적인 마음가짐을 가져야 한다는 것이다.

목표를 명확히 하고, 성공에 대한 희망을 품고, 자제심을 발휘하고, 긍정적인 정신 자세로 생각하고 또 생각해야 한다. 그렇다고 단순히 생각만 하고 원하기만 하면 아무 이유 없이 거저 얻게 된다는 말이 아니다. 준비된 자에게만 기회가 온다. 준비된 마음 자세가 매우 중요하다.

나폴레온 힐은 '부'를 부르는 마음가짐으로 성공과 관련된 생각을 자주 하는 습관을 들고 있다. 성공한 사람들은 성공과 관련하여 생각하는 습관을 지녔기 때문에 성공할 수 있었다는 것이다. 그는 실패한 사람과 스스로 패자라고 여기는 사람들조차도 마음가짐을 바꿈으로써 성공을 향해 전환할 수 있었다는 점을 강조했다. 성공을 향한 생각은 성공을 불러들이고, 실패를 향한 생각은 실패를 불러들인다.

상상 스위치를 켜면 우리 내면의 모든 에너지와 힘이 상상하는 그것에 집중되면서 결국 실현된다. 누가 얼마나 강력한 상상의 스위치를 켜느냐는 것이 실현 여부를 결정한다. 많은 연구자들은 '성공하는 사람은 생각이 다르다', '생각이 곧 현실이 된다', '생각하고 상상하면 그대로 된다', '세상 모든 일이 마음가짐에 달려 있다', '생각을 바꾸면 인생이 바뀐다'는 말들을 한다. 생각과 상상 스위치는 인간 내면의 놀라운 능력들을 깨우는 놀라운 스위치임에 틀림없다.

《네 안에 잠든 거인을 깨워라》의 저자인 앤서니 라빈스는 자신 안에 잠든 거인을 깨우는 첫 번째 길은 자신의 위대한 생각을 통해 진정한 결단을 하는 것이라고 했다. 목표 성취에 가장 어려운 것은 진정한 결단이다.

자주 결단을 내리고, 결단부터 배우고, 결단한 목표에 단호하면서도 유연하게 접근해야 한다. 결단을 즐기면서 진정한 결단의 거대한 힘을 기억하는 것이 자신 안에 잠든 거인을 깨우는 구체적인 방법이다. 그 결단은 크고 위대한 생각이 만들어 내는 것이다.

우리가 위대한 사람이 되는 길을 가로막는 것은 상황, 능력, 재능, 불운이 아니다. 우리의 생각이다. 우리의 생각이 행복하고 성공적인 삶을 살아가는 길을 방해하는 최대의 장애물이다.

– 성공은 마음먹기에 달려 있다

본질적으로 성공은 마음먹기, 즉 생각에 전적으로 달려 있다. 성공하기 위해 인내가 필요하지만, 인내만으로는 성공하기 힘들다. 열정, 노력, 습관, 유머, 웃음 등도 마찬가지다. 하지만 우리는 생각을 통해 더 많은 인내를 가질 수 있고, 생각을 통해 보다 열정을 발휘할 수 있고, 생각을 통해 좀 더 노력할 수 있고, 생각을 통해 보다 나은 습관을 형성할 수 있고, 생각을 통해 유머가 더욱 풍부한 사람이 될 수 있고, 생각을 통해 훨씬 많이 웃는 사람이 될 수 있다.

세상을 즐거운 모험의 세계, 도전의 세계로 생각하는 사람에게 세상은 부단히 도전하고 성취하려는 곳이 된다. 성취도가 월등히 높고, 성공할 공산이 매우 커진다. 세상을 고해라고 생각하거나, 자신의 힘으로는 아무것도 바꿀 수 없는 큰 운명의 수레바퀴 같다는 사람에게는 세상은 정말 그렇다. 그런 사람은 그저 고만고만한 인생을 살아가게 된다.

어떠한 생각을 하느냐에 따라 건강하게도 아프게도 하

며, 행복하게도 불행하게도 하며, 성공하게도 실패하게도 한다. 생각은 우리와 우리의 삶을 이끈다. 우리의 생각이 정확히 성공과 실패를 나눈다. 데일 카네기는 다음과 같은 간결한 문장으로 표현한 바 있다.

"행복한 일을 생각하면 행복해진다. 비참한 일을 생각하면 한없이 비참해진다. 무서운 일을 생각하면 무서워진다. 질병을 생각하면 병이 들고 만다. 실패에 대하여 생각하면 반드시 실패한다. 자기 스스로를 불쌍히 여기고 헤매면 틀림없이 남에게 배척당한다."

한 번의 실패를 겪고 평생 동안 재기에 실패하고 인생을 끝마치는 경우가 많다. 실패에 대한 견해와 생각을 바꾸지 못했기 때문이다. 실패에 대한 시각과 견해, 실패에 대한 자신의 생각을 바꾸지 못했기 때문에 영원히 성공할 수 없다. 실패를 영원한 실패로 만들지, 하나의 경험으로 만들어 성공의 발판, 성공의 씨앗으로 삼을지는 전적으로 생각에 달려 있다. 생각 스위치는 우리를 영원히 실패의 자리에 머물게도 하지만, 다시 성공의 자리로 나아갈 수 있게도 하는 셈이다.

크게 성공한 사람들의 공통점 중에 하나가 남들이 도저히 생각하지 못하는 위대한 생각을 해낸다는 점이다. 보통 사람들은 상식이라고 생각하는 선을 넘지 않는 데 반해, 성공하는 사람들은 선을 과감히 넘어 획기적이고 도발적인 발상을 서슴없이 한다.

중국 전한前漢 시대의 이광李廣이라는 장군은 활의 명수였다. 어느 날 사냥하러 갔다가 호랑이를 발견하고 화살을 겨냥해 쏘았다. 그는 이전에도 호랑이를 잡아 본 경험이 있었다. 이번에도 호랑이의 몸에 충분히 화살을 박아 넣을 수 있을 것이라고 조금도 의심하지 않았다. 자연스럽게 화살을 쏘았고, 화살은 정통으로 호랑이를 맞추었다. 이광은 여느 때와 다름없이 호랑이를 잡았다고 생각하였지만, 화살에 맞은 호랑이가 조금도 꿈틀거리지 않았다. 이상하게 생각하고 가까이 가서 보니 호랑이가 움직이지 않았던 이유를 알게 되었다. 호랑이가 아니라 큰 바위였던 것이다.

"내가 화살로 바위를 뚫었다니!"

이광 장군은 자신의 화살이 바위를 뚫었다는 사실에

도취되어 여러 번 화살을 발사해 보았다. 단 한 번도 바위에 박히지 않았다.

우리는 이 일화에서 중요한 사실을 깨달아야 한다. 우리가 무언가를 충분히 해낼 수 있다고 생각할 때와 잘될지 의심할 때는 내면에 잠자던 능력과 에너지가 각각 다르게 커진다는 것이다.

이광 장군은 목표물이 호랑이라고 생각하였다. 목표물을 충분히 뚫고 화살을 박을 수 있다는 무의식적인 자신감이 생겼다. 내면에 있던 에너지와 능력이 커졌던 것이다. 하지만 바위라는 사실을 알고부터는 바위는 절대 화살로 뚫을 수 없는 생각이 생겼다. 기본적인 생각과 상식, 고정 관념이 장군의 능력과 에너지를 감쇄시켰던 것이다. 우리의 삶도 이와 같다. 할 수 있다는 크고 위대한 생각이 우리로 하여금 무엇이든 가능하게 해준다.

생각 자체만으로도 우리 인체 내에서 엔도르핀 수준을 높일 수 있다는 연구 결과를 1981년 테네시 대학교의 연구진이 발표했다. 긍정적이고 좋은 생각을 하면 엔도르핀 수준이 향상되고, 그로 인해 통증이 경감되는 효과가 있었다. 한마디로 '실제 생각만으로도 엔도르핀의 분비가 증가한다'는 것이다.

생각은 우리 몸의 화학 작용마저 바꾼다. 긍정적이고 행복한 생각을 하고, 유쾌하고 신나는 생각을 하면 엔도르핀의 분비가 실제로 증가하여 몸의 화학 반응이 달라진다. 반대로 화를 내고, 불쾌해하고, 스트레스를 받으면 우리 몸의 화학 반응도 마찬가지로 달라진다. 몸속의 모르핀이라 불리는 엔도르핀이 많이 분비되도록 긍정적이고, 행복하고, 유쾌하고, 신나는 생각을 많이 하면 통증이 경감되고, 기분이 좋아진다. 면역 체계도 강화되어 더 오래, 더 건강하게 산다.

병에서 나을 것이라는 생각 스위치를 켜면 병에서 낫는다. 일을 해낼 것이라는 생각 스위치를 켜면 일을 해낸다. 문제가 해결될 것이라는 생각 스위치를 켜면 문제를 해결한다. 사업은 이루어질 것이라는 생각 스위치를 켜면 사업은 이루어진다. 아이는 위인이 될 것이라는 생각 스위치를 켜면 아이는 위인이 된다.

할 수 있다고 생각하면 무엇이든 할 수 있다. 우리는

크고 위대한 생각을 해야만 한다. 벤저민 디즈레일리의 말처럼, 우리는 어떤 일이 있어도 생각보다 높은 곳으로 오르지 못한다. 우리가 생각을 위대하게 하면 할수록 위대함에 가까워질 수 있다. 위대한 위인과 평범한 사람을 가리는 것은 능력과 열정이 아니라 생각인 것이다.

남다른 생각이 유태인들을 만들었다. 유태인들은 머리가 뛰어난 민족도 아니고, 무조건 열심히 하는 민족도 아니다. 남과 다른 생각과 놀라운 상상력이 가장 많은 노벨상을 받는 민족이 되게 하였고, 전 세계의 부를 가장 많이 장악하는 민족이 되게 하였다. 생각과 상상력의 위력을 제대로 알고 삶에 100% 활용한 민족이 유태인들임에 틀림없다.

머리가 뛰어난 민족은 오히려 평화상을 제외한 학문분야에서 노벨상을 하나도 받지 못한 한국인이다. 국민들의 평균 지능지수 검사에서 한국이 세계 최고 수준의 106이라는 사실을 아는 가? 유태인들로 구성된 이스라엘은 94 정도였다. 유태인 민족이 머리가 좋아서 큰 업적을 이루었다는 말은 신빙성이 없다.

무조건 열심히 하는 민족은 OECD 국가 중에서 압도적으로 가장 오래 일하는 한국인이다. 유태인들은 안식일을 철저하게 지키는 민족이다. 금요일 저녁부터 토요일 저녁까지는 절대 일을 하지 않는다. 가족과 함께 신께 경배하며 안식을 취하는 민족이다. 한국만큼 공부벌레, 일벌레는 세계 어느 나라를 가봐도 없다. 유태인들이 다른 민족보다 열심히 일하고 노력해서 큰 업적을 성취했다는 판단도 잘못되었다.

유태인이 큰 업적을 달성하고, 수많은 위인들을 만든 결정적인 비결은 남과 다른 생각을 할 줄 알았기 때문이다. 유태인들에게는 다른 민족들과 다른 독특한 교육 방식이 있다. 계속해서 질문하여 생각하고 또 생각하게 한다. 끊임없이 논쟁을 즐기며, 끊임없이 상상하게 만드는 민족이다.

남과 다른 생각은 그 어떤 경쟁력보다 강력하다. 어리석은 사람의 생각이라도 취할 만한 훌륭한 것이 간혹 있을 수 있다. 우자일득愚者一得이란 말에 깔린 본질은 남과 다른 생각이 가져다주는 위력이다.

아무리 좋고 훌륭한 생각이라도 남들도 똑같이 하는 생각에 불과하다면 큰 힘을 발휘할 수 없다. 약간은 부족한 생각이라도 남과 다른 생각, 특히 이 세상에 그 어떤 사람도 생각하지 못한 유일하고 독특한 생각이라면 놀라운 힘과 경쟁력을 가지는 무기가 된다.

옛말에 '슬기로운 사람도 천 번 생각에 한 번의 실수가 있을 수 있고, 어리석은 사람도 천 번이나 생각하다 보면 하나쯤 쓸모 있는 생각을 할 수 있다' 고 했다. 생각하고 또 생각해야 한다. 그냥 암기만 하는 교육과 차원이 다르다. 성공과 실패가 종이 한 장 차이라고 한다면, 우자일득의 교훈을 마음에 새겨 남과 다른 생각을 할 수 있는 사람이 되고자 노력해야 한다.

– 웃을 줄 아는 자가 성공한다.

최근 갑자기 웃음과 유머가 성공 요인으로 인정받기 시작했다. 사실 우리가 뒤늦게 발견했을 뿐이지, 오래전부터 웃음과 유머는 성공의 필수적인 요소이었다. 우리나라 기업들도 인식이 바뀌어 무조건 열심히 일하는 사람보다 오히려 유머 감각이 있는 사람을 선호하는 추세로 변하고 있다.

기업들을 대상으로 설문 조사를 한 결과, 유머는 '면접 시에도 플러스 요인으로 작용한다'라고 말한 기업이 전체 기업 중 82%나 되었다. 삼성경제연구소의 SERI CEO 회원들을 대상으로 한 조사 결과에서도 비슷한 비율인 80%의 CEO들이 채용 시에 유머 있는 직원을 우선시하겠다고 밝혔다. 이제 유머는 하나의 경쟁력이 된 시대이다. 아니, 이미 유머는 경쟁력이었으나, 최근에 와서 다시 발견했을 뿐이다.

정신분석학자인 프로이트는 웃음과 유머가 억압된 적대감과 긴장을 해롭지 않은 방식으로 정화하는 카타르시스 기능이 있다고 했다. 웃음과 유머는 심리적 안정을 찾게 해주고, 긴장 완화를 시켜 준다. 그는 '유머야말로 인간이 가지고 있는 가장 우아한 방어기제 중에 하나'라고 말했다. 고대 철학자 아리스토텔레스는 인간을 '웃는 동물'이라고도 한 바 있다. 인간에게 웃음은 매우 유익한 고유한 특징이며 장점이다. 유머는 동물들이 가지고 있는 원초적인 방어기제들과는 다르게 우아하면서도 탁월한 방어기제이다.

웃음은 심리적 긴장뿐만 아니라 신체적 긴장도 이완시킨다는 사실을 미국의 스탠퍼드 대학의 프라이 박사는 오랫동안 연구해 왔다. 그는 웃을 때에 혈액 순환이 빨라지고 호흡수가 증가하여 산소 공급이 늘어난다는 사실을 확인하였다.

기업에서 몇 년 전부터 펀Fun 경영이 유행한 바 있다. 한마디로 즐겁게 웃으면서 일하면 직원들 관계도 좋아지고, 협력도 잘되고, 팀 분위기도 좋아지고, 일도 잘되고, 매출도 오르고, 이직률도 낮아지는 등 웃음을 경영으로 승화시킨 것이다. 기업 차원에서도 펀 경영을 통해 많은 유익을 본다. 하물며 개인 차원에서 웃음과 여유라는 스위치를 통해서 끌어올릴 수 있는 힘은 무한하다.

'오늘도 저희 항공사를 애용해 주셔서 감사합니다. 저희는 여러분을 사랑합니다. 그리고 고객 여러분의 돈도 사랑합니다' 라는 웃기는 인사말로 시작하는 사우스웨스트 항공사는 오래전부터 펀 경영을 도입하여 크게 성장한 기업의 시초라고 할 수 있다. 수많은 전략과 실력과 자본을 가진 거대 항공사들이 줄줄이 도산하고 파업하던 불황기에도 유독 사우스웨스트 항공사는 성장했다. 유머와 웃음, 여유라는 스위치가 얼마나 큰 힘을 켜는 스위치인지를 말해 주고 있다.

미국의 경제 전문 잡지인 <포춘>이 일하기 좋은 100대 기업을 선정하여 공통점을 조사했다. 결과는 역시 '펀' 이었다. 규율과 효율만을 강조하는 우리나라의 기업 문화와는 상당히 다를 수밖에 없다. 세계적으로 명성이 높은 기업들의 기업 문화에는 펀과 웃음이 자리 잡고 있다는 점을 우리는 명심해야 한다.

왜 재미있고 웃음이 넘치는 분위기가 일하기 좋은 100대 기업들의 공통적인 문화일까? 회사에서 일하고 수익을 내는 주체가 정서 없는 기계가 아니라, 감정을 가진 인간이라는 사실 때문이다. 인간이 가장 효율적으로 일할 수 있는 때가 웃으면서 즐거울 때이다. 인간이 가장 창조적으로 일할 수 있을 때가 웃으면서 즐거울 때이다. 인간이 가장 고차원적으로 일할 수 있을 때가 웃으면서 즐거울 때이다. 성공하고 싶다면 자신의 일을 재미있게 즐기면서 웃으며 해야 할 필요가 여기에 있다.

두 명의 나무꾼이 하루 종일 나무를 하게 되었다. 첫 번째 나무꾼은 정말 열심이다. 도무지 쉬지도 않고 아침부터 나무를 한다. 조금의 휴식도 여유도 없이 나무를 해서 오전에는 다른 나무꾼보다 훨씬 많은 나무를 했다. 반면에 두 번째 나무꾼은 얼핏 보면 너무 여유로워 보여서 쉬엄쉬엄 하는 듯 보인다. 정확히 50분마다 10분씩 휴식을 취하고, 때로는 30분마다 휴식을 취하기도 한다. 커피도 마시고, 물도 마시고, 음료수도 마신다. 때로는 도끼를 갈기도 한다. 당연히 오전에는 너무나 적은 나무를 했다.

두 명의 나무꾼은 모두 점심을 함께 먹었다. 첫 번째 나무꾼은 점심을 먹자마자 나무를 하기 시작했다. 두 번째 나무꾼은 여전히 여유를 가지고 충분히 휴식을 취한 후 나무를 했다. 오후 3시 이후가 되자 첫 번째 나무꾼은 탈진해 버렸다. 두 번째 나무꾼은 이상하게도 가면 갈수록 더 많은 나무를 하게 되었다.

결과적으로 쉬지 않고 여유를 가지지 않은 나무꾼은 탈진하였지만, 여유를 가진 나무꾼은 훨씬 많은 나무를 하고도 에너지가 고갈되지 않고 재충전되었다. 우리의 생활도 두 번째 나무꾼처럼 해야 한다. 너무나도 많은 사람들이 성공과 행복에 집착하여 쫓아다니다가 첫 번째 나무꾼처럼 탈진하고 병이 난다. 모든 에너지가 고갈되어 주저앉는 경우가 매우 많다.

성공을 최초로 과학적으로 다룬 책이라 평가받는 《부와 성공의 과학적 비밀》의 저자인 샌드라 앤 테일러는 저서에서 성공 법칙으로 드러남의 법칙과 끌어당김의 법칙 등을 소개하고 있다. 그중에서도 웃음소리는 엄청나게 큰 에너지가 발산되어서 아주 좋은 끌어당김의 법칙의 실천 방법이라고 주장한다.

웃음은 뇌의 모든 부분에 전기적인 충격을 주기 때문에 사고를 명료하게 하고, 창조력을 향상시키며, 스트레스를 줄여 주고, 생산성을 높여 준다고 그녀는 주장한다. 더불어 웃음은 세로토닌의 분비가 증가하여 웰빙 느낌을

갖게 해주며, 무엇보다 성공을 불러들이는 긍정적인 에너지를 폭발적으로 발산하므로 크게 웃는게 엄청난 유익이라고 말한다.

웃음은 긍정적 사고를 하게 하고, 건강한 신체를 만들어 주고, 뇌를 활성화시켜 집중력과 문제 해결 능력을 3배나 향상시키며, 심장병 발병률을 낮추어 준다. 지금 이 순간 웃고 있는 당신을 세상에서 가장 행복한 사람으로 만들어 준다. 웃음은 공포와 염려를 막아 준다. 웃음은 몸의 치유 능력을 활성화하는 치유 스위치이기도 하다.

웃으면 복이 온다는 말은 누구나 알고 있다. 실제 과학적으로 근거가 있다. 많이 웃는 사람이 그렇지 못한 사람보다 훨씬 오래 산다는 연구 결과가 있다. 많이 웃는 사람의 몸속에서는 훨씬 더 많은 NKNatural Killer세포가 활성화된다. NK세포는 우리 몸에 해로운 세포나 바이러스를 찾아서 죽인다. 암 환자 중에 웃음을 통해 완치된 사람이 그토록 많은 이유이다.

웃음의 효과들을 정리해 보면, 먼저 통증을 완화시키는 진통 효과가 있다. 웃으면 뇌하수체에서 진통제 성분인 엔도르핀이 분비되고, 부신에서는 염증을 낫게 하는 화학 물질이 나온다. 따라서 통증이나 신경통 같은 염증을 치료하며 완화시켜 준다.

두 번째로 혈액 순환을 향상시키는 효과가 있다. 웃으면 심장 박동 수가 두 배 증가한다. 폐에 남아 있던 나쁜 공기가 나가고, 대신 신선한 산소들이 들어와서 혈액 순환을 좋게 한다.

세 번째로 면역력이 강화되는 효과가 있다. 웃으면 병균을 막는 항체인 인터페론 감마 호르몬의 양이 200배 늘어난다. 백혈구와 면역 글로블린이 많아지는 대신, 면역력을 억제하는 나쁜 호르몬인 코티롤과 아드레날린이라고도 하는 에피네프린은 감소한다.

네 번째로 다이어트 효과가 있다. 한 번 크게 웃으면 우리 몸의 650개 근육 중에서 무려 300개의 근육이 움직인다. 뼈 200개와 함께 내장이 진동하면서 칼로리가 소모된다. 10분 동안 크게 웃으면 100미터를 전력 질주한 운동 효과도 가져온다. 땀 흘리지 않는 달리기라고도 말할 수 있다.

다섯 번째로 두뇌 활동을 활발하게 해주어 문제 해결력과 집중력이 향상된다.

여섯 번째로 알레르기와 아토피 치료 효과가 있다. 웃으면 근육들이 이완되고, 뇌에 엔도르핀이 분비된다. 마음을 기분 좋은 상태로 만들고 몸을 이완시켜 아토피와 알레르기 치료 효과가 있다.

일곱 번째로 웃으면 기분이 좋아져서 긍정적 사고를 하게 도와준다. 매사에 적극적이고 활기차게 살아가는 효과가 있다.

여덟 번째로 당뇨병 개선 효과가 있다. 웃고 난 후에는 당뇨병 환자들의 혈당치가 크게 낮아진다는 연구 결과가 있다.

아홉 번째로 항암 효과가 있다. 웃으면 항체인 T세포와 NK세포가 증가한다. 특히 NK세포는 백혈구의 일종으로, 골수에서 주로 만들어져 암세포를 직접 파괴하는 역할을 하는 면역 세포이다.

열 번째로 심장병 예방 및 치료 효과가 있다. 심장병

환자들은 대부분 화를 잘 내고 적대감을 잘 표시하는 경향이 있다. 웃음을 통해 이러한 부분들이 상당히 개선된다.

– 원하는 것이 있다면 웃음으로 이룬다

수많은 여성들로부터 성공 모델로 여겨지고 있는 여자는 오프라 윈프리이다. 그녀는 자신의 불행했던 과거, 아픈 상처, 인종적 약점, 교육적 약점 등을 모두 웃음 스위치를 통해 극복하고 당당히 성공을 이룬 여자이다.

그녀는 흑인이었고, 사생아였고, 가난했고, 미혼모였고, 뚱뚱했다. 그녀는 첫 직장에서 일을 못한다고, 얼굴이 TV에 어울리지 않는다고 실직하면서도 웃음만은 포기하지 않았다. 도전을 포기하지도 않았다. 결국 그녀는 세계적으로 명성이 자자한 유명인이 되었다. 그녀는 다음과 같이 말하면서 웃음의 중요성을 강조했다.

'나에게 유머가 없었다면 오늘의 나도 없었을 것이다. 기억하라. 한 번 웃을 때마다 성공 확률이 조금씩 높아진다는 것을' .

미국 역사상 가장 존경받는 대통령인 링컨도 웃음의 힘을 실감했던 위인 중에 한 명이다. 그는 심한 우울증과 사업 실패, 평생에 걸친 엄청난 실패의 연속을 겪었다.

가장 불행하고 비참한 삶을 살다가 자살로 생을 마감할 수도 있었던 인생이었다. 그의 우울증은 너무나 심각했다. 친구들이 자살에 사용될 칼이나 가위를 곁에서 치우고 밤새도록 누군가 함께 있어야 한다고 생각할 정도로 심각했다.

그런 그를 지탱해 주고 위대한 대통령으로 만든 요인 중에 절대로 빼놓을 수 없는 두 가지 있다. 하나가 제2 기술인 생각 스위치이고, 나머지 하나가 바로 제3 기술인 웃음 스위치이다. 절망과 고통으로부터 그를 구원해 준 것 중 하나가 바로 웃음 스위치였다. 남북 전쟁이 한창이었을 때, 그는 최악의 상황에서 열린 각료 회의 중에 침울해하는 모든 각료들에게 다음과 같은 말을 했다.

'만약 내가 웃지 않았다면 나는 이미 죽었을 겁니다. 여러분, 모두 웃으세요. 웃어야 삽니다.'

웃음은 위기 상황에서 더욱 큰 스위치 역할을 한다. 그가 선거 유세장에서 자신의 못생긴 얼굴을 공격하는 상대방의 비방을 보기 좋게 유머로 물리치고 오히려 큰 인기와 지지를 얻었던 일화가 있다. 상원 의원 선거 유세장에서 상대편 진영의 경쟁자는 링컨을 아주 부도덕하고 교활한 면이 있는 이중인격자라고 매도하면서 공격했다. 보통 사람들이라면 화가 나서 유세에 실패하고, 인기와 지지도가 급락할 상황이었다. 링컨 대통령은 다음과 같은 유머로 오히려 유세에 성공을 할 수 있었고, 급기야는 폭발적인 인기와 지지를 얻게 되었다.

"만일 제가 또 하나의 얼굴을 가졌다면 오늘과 같은 중요한 날에는 잘생긴 얼굴로 나왔을 것입니다."

유머를 시기적절하게 구사할 줄 아는 사람은 실패의 위기를 성공으로 바꾸는 강력한 힘을 발휘한다.

셰익스피어는 다음과 같은 의미심장한 말을 남겼다.

"원하는 것을 칼로 얻으려 하지 말고, 웃음으로 얻으라."

유머는 인간에게 부여된 고유한 능력이며, 일종의 스위치이다. 빅터 프랭클 박사는 인간성을 구분하는 특성이 한 가지 있다면 유머 감각이라고 했다. 특히 우리 자신을 보고 웃을 수 있는 유머는 자기 이탈self-detachment의 진수를 보여 준다.

유머 감각은 하루에도 수많은 일을 하며 바쁜 삶을 살아가야 하는 현대인들에게 더욱더 중요한 스위치로 부각된다. 자신이라는 감정적, 정서적 테두리에서 한 번씩 벗어나서 자유로움을 누리면 감정적, 정서적으로 건강할 수 있다. 사소하지만 번잡한 많은 일에 연연해하지 않을 수 있기 때문이다.

생존력이 강한 사람은 본능적으로 유머와 웃음을 갈망하고, 생존을 위해 이용한다. 수천 년 동안 박해와 고난을 받아 온 유태인들에게 웃음과 유머가 남달리 발달했다는 사실은 이를 뒷받침해 준다. '배가 고플 때는 노래를 부르고, 상처를 입었을 때는 웃어라' 는 말은 유태인들의 속담이다. 그들은 무의식중에 웃음 스위치의 강력한 힘을 알고 있었던 것처럼 보인다. 상처를 치유하는 가장 좋은 방법은 웃음이기 때문이다.

19세기까지는 '슬프니까 울고, 기쁘니까 웃는다' 는 사실이 기정사실로 여겨졌지만, 19세기 말 미국의 심리학자 윌리엄 제임스는 아주 혁신적인 가설을 발표했다. 바로 행동 감정 이론이다. 행동과 육체의 물리적 변화에 의해 감정이 영향을 받는다는 가설이다. 그래서 웃음은 기쁨보다 한발 앞선다고 주장했다. 슬프니까 우는 것이 아니라, 우니까 더욱 슬퍼진다. 의도적으로 웃으면 슬픔이 사라지고 기쁨이 온다는 것이다.

"우리는 행복하기 때문에 웃는 것이 아니다. 웃기 때문에 행복해진다."

그래서 그런지 몰라도 유태인들만큼 유머와 웃음을 추구하는 민족도 없을 것이다. 웃음과 유머를 추구할 줄 알았기에 유태인들은 성공적인 삶을 살 수 있었고, 지금도 성공적으로 살고 있다고 말해도 무방하다. 성공은 또한 '위기의 상황에서 어떻게 어려움을 잘 극복하고, 정신적 상처와 아픔, 좌절과 절망에서 잘 회복하느냐?' 에 달려 있다고 할 수 있기 때문이다.

인간은 위기 상황에서 웃음과 유머로 어려움을 극복할 수 있다. 신적 상처와 아픔, 좌절과 절망도 웃음과 유머를 통해 회복될 수 있다. 유태인들은 일찍부터 이 사실을 삶에 철저히 적용시키고 이용하여 지금의 성공을 이룩한 민족이 될 수 있었다.

사회적으로 성공하여 영향력이 있는 사람들과 언제나 행복한 삶을 살고 있는 사람들은 공통으로 웃음과 여유라는 스위치를 항상 켜는 사람들이었다. 성공하였기 때문에, 행복하기 때문에 웃는 것이 아니라, 웃을 수 있어서 성공했고 행복해졌다는 사실을 명심해야 한다. 유머를 포함하여 웃음과 여유 스위치는 우리 몸과 마음의 잠자는 에너지를 켜는 중요한 스위치인 셈이다.

사람은 반복적으로 행하는 것에 따라 판명된 존재다. 따라서 우수성이란 단일 행동이 아니라 습관이다.

— 아리스토텔레스

제6장. 파안대소 破顔大笑 _ 웃음은 질병도 치료한다.

실패한 사람과 성공한 사람의 차이는 단지 그들의 습관에 있다. 좋은 습관은 모든 성공의
열쇠이다. - 오그 만디노

습관보다 강력한 것은 없다. - 오비디우스

습관의 힘이 얼마나 강력한지는 누구나 잘 알고 있다.
- 찰스 다윈

일상(의 습관)을 바꾸기 전에는 삶을 변화시킬 수 없다. 성공의 비밀은 자기 일상에 있다.
- 존 맥스웰

우리가 매일 하는 선택과 행동의 90퍼센트는 습관에 의한 것이다. - 잭 핫지

하나의 새로운 습관이 전혀 알지 못하는 우리 내부의 낯선 것을 일깨울 수 있다.

–생텍쥐페리

습관이 인간의 전부이며, 습관이 바로 미덕이기도 하다. – 메타스타시오

성공하려면 정신보다 습관이나 경험이 필요하다. 사람들은 그것을 너무 늦게 깨닫는다.

깨달았을 때는 이미 저지른 온갖 실수를 돌이킬 여유가 없다. 성공하는 사람이 매우 드문

까닭이 여기에 있다. – 라브뤼예르

습관은 처음에는 눈에 안 보이는 실과 같다. 그러나 행동을 되풀이할 때마다 그 끈이 차

츰 강화된다. 거기에 또 한 가닥이 더해지면 마침내 굵은 밧줄이 되어 우리의 사고와 행

동을 돌이킬 수 없게 묶어 버린다. – 오리슨 스웨트 마든

– 웃지 못하는 사람은 장사도 못 한다

<하버드 비즈니스 리뷰>의 발표에 따르면, 연봉 등급이 평균인 임원과 연봉 등급이 높은 임원들의 생활에서 보이는 큰 차이점 중에 하나가 평소 일상생활에서 사용하는 유머성 발언의 사용 빈도라고 한다. 유머를 많이 사용하는 임원일수록 연봉이 높았다. 웃음과 여유가 있는 사람일수록 인간관계가 좋아지고, 매사에 일도 잘하고, 업무 효율도 높으며, 협력도 잘하고, 상대방으로부터 협조와 도움도 잘 이끌어 낸다.

하워드 노리쉬 박사는 말했다.

"나는 유머 감각이 없는 지도자를 만나 본 적이 없다. 이 능력은 자기 자신과 주위 환경을 견고하게 하고, 넓은 안목과 웃음으로 사물을 보게 한다.'

최고의 인물이 되고, 지도자가 되고, 리더가 되고자 한다면 반드시 갖추어야 할 소양 중에 하나가 유머이다. 웃을 수 있는 여유와 자세로 인해 행복해지며, 여기에 덧붙여 성공도 하게 된다. 큰 실패와 시련 앞에서 웃을 수 있는 자들만이 성공할 수 있고 재기할 수 있다. 그만큼 배짱과 마음이 강하다는 증거이다.

웃음을 통해 확산되는 긍정적인 파동과 에너지는 또 다른 긍정적인 파동과 에너지와 연결 된다. 그러한 것들이 자연스럽게 자신에게 유입됨으로써 내면에서 잠자고 있던 에너지와 힘이 켜지게 된다. 비로소 실패를 성공으로, 불행을 행복으로 바꿀 수 있다.

"시련과 역경, 실패 앞에서도 웃을 수 있는 사람은 반드시 성공한다."

웃음으로 몸이 안정적이고 편안해지면 우리의 뇌파는 알파파를 발산한다. 알파파가 발산되는 때에 잠재 능력이 가장 잘 발휘되며, 집중력과 문제 해결력 등이 가장 뛰어나게 된다. 알파파 상태는 만사가 순조롭고, 자신의 능력을 최대한 발휘할 수 있는 뇌파 상태이다.

무엇보다 웃음은 심한 악조건 속에서도 매우 긍정적으로 생각하게 만든다. 쉽게 포기하거나 좌절하지 않게 하고, 오히려 여유를 가지게 해준다. 위급한 순간에도 문제 해결력을 향상시킨다. 정상적으로 깨어 있는 상태인 베타 상태보다 암시하는 효과가 뛰어나다. 보통 잠이 드는 순간과 잠에서 깨어나는 순간, 알파파 상태를 체험한다. 이러한 상태에 웃음을 통해 쉽게 접근할 수 있다.

'유머에는 마음을 해방시키는 요소가 있다' 고 정신분석학의 아버지인 프로이트는 말한 바 있다. 웃으면 아세틸콜린의 분비가 높아지고 부교감 신경의 작용이 강해져서 편안한 몸과 마음을 만들어 준다.

위액의 분비가 활발해져서 소화도 잘된다. 혈압도 자연스럽게 낮아져서 심장에 부담이 없어지고, 혈중 당분이 감소한다. 이처럼 마음을 해방시키는 요소가 있어서 웃음은 자기만이 아니라 상대방에게도 전염성이 강하다. 자기가 웃으면 상대방도 영향을 받는다.

프린스턴 대학의 제이슨 박사가 실험을 실시한 적이 있다. 먼저 50명에게는 항상 웃음을 지으면서 물건을 판매하게 했다. 다른 50명에게는 무표정으로 물건을 판매하게 했다. 나머지 50명에게는 험상궂은 얼굴로 물건을 판매하게 했다. 물론 가격과 물건, 상황과 분위기 등은 최대한 엄격하게 통제한 상태였다.

웃음을 지으면서 팔게 한 팀은 목표량의 3배에서 10배까지 물건을 팔았다. 무표정으로 물건을 판매하게 한 팀은 목표량의 겨우 10~30%만 물건을 팔았다. 험상궂은 얼굴로 물건을 판매한 팀은 전혀 물건을 못 팔았다.

중국 속담에도 비슷한 결과를 말해 주는 속담이 있다.

"웃지 않는 자는 장사도 하지 마라."

웃음의 효과를 누구보다 잘 알고 있었고, 웃음의 효과 덕분에 큰 성공을 거두었던 사람이 있다. 미국의 전설적인 자동차 판매왕 조 지라드이다. 기네스북에 따르면 그는 12년 동안 연속 판매왕 자리를 지켜 왔다. 자동차를 하루 평균 5대 이상씩 12년 동안 판매하였다고 한다. 그는 다음과 같은 말을 남겼다.

"웃음은 사람의 마음뿐만 아니라, 지갑을 열게 하는 데도 아주 중요한 역할을 한다."

지위가 높아지면 일의 80% 이상이 타인과의 대화, 만남, 회의, 연설이다. 이때 더욱 웃음과 유머가 필요하다. 세계적인 권위지 <타임>의 편집국장으로 활동했던 하드리 도노번은 지도자의 필수 조건으로 유머 감각을 꼽았다. 인간은 논리적인 동물이지만, 감정에 보다 영향을 받는 감정적인 동물이기 때문이다. 모든 대화와 만남에서 분위기를 부드럽게 해주며, 커뮤니케이션을 원활하게 해주는 유머는 필요하다.

최고의 동기 부여가로 평가받는 브라이언 트레이시는 '성공의 95%는 다름 아닌 인간관계에 달려 있다' 고 말한다. 인간관계를 향상시키고 좋게 만들어 주는 기술이 유머와 웃음임은 자명한 사실이다. 남을 웃기는 사람들은 절대 나쁜 평가를 받지 않는다. 자신을 웃기는 사람들에게 인간들은 무의식적으로 끌리기 마련이다. 자신을 재미있게 한 사람에게는 정신적으로 무장 해제가 되기 마련이다.

"유머 감각은 빡빡한 인간관계에서 한 방울의 기름이다."

지그 지글러는 말했다. 유머라는 한 방울의 기름이 인간과 인간 사이에 칠해지는 순간, 그 관계는 부드러워지고 순조롭게 기능하게 된다. 잘 돌아가지 않고 빡빡했던 기어 톱니바퀴에 기름칠을 하면 매끄럽고 부드럽게 돌아가는 것과 같다.

한 학자가 슈퍼마켓 강도들에게 물어봤다. 언제 강도질에 실패하느냐는 질문이었다. 95%의 강도들은 종업원들이 눈을 맞추고 환하게 미소 지으며 인사할 때는 도저히 강도질할 수가 없었다고 한다. 웃는 얼굴은 강력한 무기이며, 상대방을 정신적으로 무장 해제시키는 강력한 스위치이다. 진심에서 우러나오는 웃음과 미소는 절대적으로 사람들을 편안하게 만든다. 웃음 스위치는 어려운 상황에서도 단번에 막힌 물꼬를 트는 역할을 해주기도 한다.

– 웃음은 질병도 치료한다

'웃음을 통해 질병을 치료할 수 있다' 는 사실을 의학적으로 이해시킨 영화가 로빈 윌리엄스 주연의 <패치 아담스>이다. 영화는 웃음 치료라는 획기적인 치료법을 의료 처방에 통합시킨 미국인 의사 패치 아담스의 이야기를 소개하고 있다.

우리는 웃음이 인간에게만 부여되었다는 사실을 알고 있다. 웃음이 인간에게 부여되지 않았다면 아마도 대부분의 사람들이 긴장과 극심한 스트레스로 전부 병원 신세를 져야 할지도 모른다.

심한 고통을 받는 환자라도 10분 정도 크게 박장대소하며 웃으면 2시간 정도는 고통을 잊은 채 단잠을 잘 수 있다. 웃음 스위치의 마법과도 같은 위력이다. 웃음은 우리 몸과 마음속에서 자고 있던 치유 능력과 진통 능력, 활기 능력을 다시 깨우는 스위치이다.

웃음 스위치는 우리의 감정을 변화시키는 스위치이기

도 하다. 감정은 뇌에서 분비되는 화학 물질의 작용이라고 볼 수 있다. 웃으면 우리 몸에서 여러 가지 좋은 화학 물질이 증가한다. 그로 인해 우리 몸은 최고의 건강체가 될 수 있다. 웃으면 스트레스가 풀리고, 온몸이 웃기 전보다 건강한 상태로 변환되는 것이다.

영국이 낳은 세계 최고의 시인이며 극작가인 셰익스피어는 말했다.

"그대의 마음을 웃음과 기쁨으로 감싸라. 그러면 천 가지 해로움을 막아 주고, 생명을 연장시켜 줄 것이다. 유쾌한 마음을 가지면 오래 산다."

프리드리히 니체는 말했다.

"오늘 가장 기분 좋게 웃는 자는 역시 최후에도 웃을 것이다."

우리에게 주어진 오늘을 감사하고 기뻐하며, 누구보다 즐거워하는 자만이 가장 기분 좋게 웃을 수 있는 사람이다. 자신의 오늘을 두고 불만과 불안, 슬픔과 근심으로 가득 차 있는 사람은 결코 기분 좋게 웃을 수 없다. 당연히 최후에도 그렇게 웃을 수 없다. 오늘 하루 불만과 불안, 슬픔과 근심 속에서 살았다면 내일의 불안과 불만, 슬픔과 근심을 불러들이기 때문이다. 내일의 불안과 불만, 슬픔과 근심은 또 다른 내일의 불안과 불만, 슬픔과 근심을 불러들인다. 걱정과 슬픔은 걱정과 슬픔을 불러들이고, 기쁨과 웃음은 기쁨과 웃음을 불러들인다.

웃는 사람은 웃지 않는 사람보다 더 오래 살 수 있다는 좋은 점이 있다. 이처럼 웃음에는 너무나 다양한 유익함이 있다. 소설가이자 시인인 키플링은 말했다.

"네가 세상을 향해 웃으면 세상도 너를 향해 웃는다."

미국 시인 엘라 휠러 윌콕스도 말했다.

"웃어라. 그러면 세상이 당신에게 웃을 것이다. 울어라. 그러면 당신은 혼자 울게 될 것이다."

한 번 웃는 사람은 모르핀 주사를 2백 대나 맞은 효과가 있다. 매우 유쾌하게 웃을 때 우리의 몸에서는 모르핀보다 2백 배나 강한 엔도르핀이 분비된다. 그 어떤 명약보다 최고의 명약이 웃음인 것이다. 웃음으로 불치의 병을 치료하여 완치한 사람들이 그토록 많은 이유이다.

《질병의 해부》라는 놀라운 책을 쓴 노먼 커즌스는 미국의 UCLA 의과 대학의 교수였다. 그는 아주 희귀한 척추염에 걸렸고, 생존율이 매우 낮았다. 5백 명 중에 한 사람만이 살아남는 병이었다. 0.2%의 생존율인 이 병은 고통이 심하여 수면제 없이는 숙면을 취할 수 없었다. 손가락조차 움직일 수 없는 고통도 수반하는 병이다. 불치의 희귀병보다 그를 괴롭힌 것은 사랑하는 가족들을 두고 죽어야 한다는 사실이었다. 그는 절망과 좌절 속에서, 사랑하는 가족들을 떠나야만 한다는 고통 속에서 하루하루 살아가게 되었다.

그러던 그에게 한 가닥 희망을 준 것은 뛰어난 치료법이나 약물이 아니라 단 한 권의 책이었다. 좌절과 절망 속에 있던 그에게 희망을 준 위대한 책은 캐나다 의사인 한스 셀리가 쓴 《삶의 스트레스》라는 책이었다. 이 책이 주장하는 핵심은 '스트레스가 수많은 질병의 원인'

이라는 내용이었다. 스트레스와 부정적인 감정은 우리 몸에 화학적 변화를 일으켜 피질 호르몬을 마르게 한다. 그 결과 면역력을 심하게 떨어뜨려 각종 질병을 불러들인다는 주장이었다.

커즌스는 이 책을 읽고 웃음을 통한 긍정적인 감정과 반응이 병을 치료할 수 있으리라는 아이디어를 얻게 되었다. 그는 자신의 아이디어를 몸소 실천했다. 날마다 코미디 영화를 보고 유머집을 읽었다. 날마다 크게 웃고 또 웃고 웃었다. 그러자 정말로 기적이 일어났다.

심한 고통에 시달려야만 했던 그는 수면제 없이도 편안한 숙면을 몇 시간 동안 취할 수 있게 되었다. 온몸의 발진과 심한 고통들이 차츰 사라지기 시작했다. 급기야 생존율이 0.2% 밖에 안 되는 불치의 병이 완치가 된 것이다. 웃음은 이처럼 강력한 힘을 내면에서 형성시켜 우리가 건강하게 살아갈 수 있도록 도와주는 건강 도구이다.

여자들이 남자들보다 평균 7.5년 더 오래 사는 이유는 무엇일까? 남자들보다 여자들이 자주 웃기 때문이라고 볼 수 있다. 어린이들은 하루에 300번에서 500번 이상 웃는다. 어른들은 겨우 10번 정도 웃는다고 한다. 만약 아이들처럼 많이 웃으면 전 세계에서 가장 높은 한국인 40대 사망률이 훨씬 낮아질 것이 확실하다.

웃을 수 있는 환경과 분위기가 아니라고 하소연하는 사람들이 많다. 이러한 사람들을 위한 좋은 소식이 있다. 가짜 웃음(안 웃겨도 일부러 웃는 웃음)도 진짜 웃음(정말로 웃겨서 웃는 웃음)과 동일한 효과를 만들어 낸다는 사실이다.

앞에 살펴봤듯이 우리 뇌는 가짜 웃음과 진짜 웃음을 구별할 수 없다. 가짜 웃음으로 웃어도 우리 뇌는 진짜 웃음인 줄 알고 동일한 반응을 보인다. 가장 웃음이 필요할 때는 오히려 진짜 웃음을 만들 수 있는 유쾌한 때가 아니다. 가장 절망적인 상황일 때이다. 코미디언 빌 코스비는 말했다.

"웃음이 있으면 고통스러운 상황도 극복할 수 있다. 만약 당신이 웃을 수 있다면 살아남을 수 있다."

영국의 소설가인 찰스 디킨스도 비슷한 의미의 말을 했다.

"질병과 슬픔을 극복하는 데 도움이 되는 것은 웃음과 유머뿐이다."

우리는 웃음으로 고통스러운 상황과 스트레스, 질병과 슬픔을 극복할 수 있다. 풀기 어려운 많은 복잡한 상황에서 비롯되는 고도의 긴장도 해소할 수 있다. 웃음 스위치를 통해 우리는 자신감을 회복할 수 있고, 보다 나은 인간관계를 형성할 수 있다.

웃음은 우리 내면에 있는 잠자는 자신감과 여유를 켜주는 역할을 가장 잘해 내는 스위치이다. 웃음 스위치는 내면에 존재하고 있는 부정적인 감정과 사고를 잠재우고, 대신 긍정적인 감정과 사고를 켜는 역할을 한다.

웃음과 유머가 우리와 우리의 삶, 인간관계에 얼마나 좋은 유익을 주는지 살펴보았다. 그 사실을 이제 누구보다 잘 아는 사람이 되었다. 지금 이 순간부터 당장 당신의 웃음과 유머를 가동하는 일만 남았다.

"웃을 수 있는 힘, 일을 멈추고 흥겹게 떠들며 놀 수 있는 힘, 힘든 삶 속에서 모든 것을 잊고 명랑해질 수 있는 힘은 인간에게 주어진 성스러운 선물이다."

캠벨 모간 박사의 말처럼 인간에게만 주어진 성스럽고 귀한 선물인 웃음과 유머 스위치를 지금 이 순간 켜도록 하자. 웃거나 유머를 이용하지 않은 하루는 매우 큰 손해를 본 하루임에 틀림없다. 웃음과 유머로 우리가 받을 수 있는 유익함은 그렇지 못했던 하루에 비해 너무나 큰 차이를 가져온다. 오늘 하루 웃지 않고 보냈다면 큰 손실이며 불행이다. 웃으면 행복이 오고 성공이 온다는 사실을 명심하자.

– 일희일비一喜一悲하지 않는 다.

위대한 삶을 살다간 위인들에게서는 우리가 쉽게 찾아볼 수 있는 공통점들이 존재한다. 그 중에서 남들이 잘 발견하지 못 한 찾아보기 힘든 공통점들도 존재 한다. 그렇게 찾기 힘든 공통점 중에 하나를 꼽으라고 한다면 필자는 서슴없이 '그들에게는 일희일비一喜一悲하지 않는 다는 공통점' 이 있다고 말할 것이다.

필자의 주장이 맞는다면, 만약에 그렇다면 왜 그들은 일희일비하지 않았을 까? 그것은 바로 그들은 자신이 하는 일에 대해 완전하게 몰입할만큼 미쳐있었던 사람이기 때문일 것이다.

위대한 대가大家, 명인名人, 장인匠人, 달인達人, 거장巨匠 등은 모두 자신의 일에 완전하게 몰입했던 사람들이다. 그러한 몰입의 정도는 평범한 사람들의 수준을 훨씬 뛰어넘어 자신의 일에 완전하게 미친 사람처럼 보이고도 남았을 것이다.

자신의 일에 완전하게 미쳐서 자신의 일에 몰입하는

사람은 결과에 연연하지 않는 경지에 이르게 된다. 그래서 그때 그때의 결과에 일희일비하지 않는 다. 그들은 일을 하는 그 순간 누구보다 크게 웃을 뿐이다. 그들은 결과에 신경 쓰지 않는 다. 물론 일을 하지 전에는 큰 목표를 성취하기 위해 시작하더라도 일을 하는 그 순간만은 그 어떤 것도 그들을 흔들지 못한다.

세상에 휘둘리는 사람은 환경에 따라 웃기도 하고 울기도 한다. 하지만 거인일수록 환경이 아닌 자기 자신의 마음가짐에 따라 항상 크게 웃을 수 있다. 그래서 거인일수록 어떤 환경에서도 느긋함과 여유를 느낄 수 있는 것이다. 생각이 작고, 행동이 작고, 큰 성공을 해 보지 못한 사람일수록 가난과 궁핍과 온갖 생활고에 찌든 삶을 살아간다. 그래서 일희일비 할 수밖에 없다. 하지만 거인일수록 생각이 크고, 행동이 크다. 그로 인해 큰 성공을 하게 되고, 그 결과 세상의 작은 일들에 의해 일희일비하지 않는 사람으로 성장하게 되는 것이다.

현대에 와서 각광받고 있는 긍정심리학의 본질은 일희일비一喜一悲하지 않는 거인들의 마음 자세를 토대로 하고 있음을 우리는 알아야 한다. 현대의 서양 사상가들과 심리학자들은 일희일비하지 않고 일관되게 삶에 대해 긍정적 자세를 가지는 것이 행복과 성공의 기술이라는 사실에 대해 이견을 두지 않는다. 일희일비하지 않고 항상 긍정적인 자세로 일관하는 사람은 생산성이 높고 면역체계도 더 건강하고 돈도 더 많이 벌고 성공도 더 많이 한다는 사실을 이제 겨우 발견하게 되었던 것이다. 미국의 긍정심리학자인 소냐 류보머스키 리버사이드 캘리포니아 주립대학의 심리학과 교수는 자신의 저서인 [How to be happy(행복도 연습이 필요하다)]란 책을 통해 행복하기 위해서는 무엇보다 감사와 낙관주의를 길러야 한다고 주문했다.

" 행복을 가져다주는 것은 삶에 대한 긍정적 자세이며, 그로 인해 행복해진 사람들은 생산성이 높고 면역체계도 더 건강하며 돈도 더 많이 번다."

하지만 이러한 사실은 이미 동양에서는 거인들과 거장들의 달관한 삶의 모습에서 쉽게 찾아볼 수 있다.

동양의 현인들은 말한다.

“ 백리를 가는 사람에게는 구십 리가 반이다.” (行百里者半九十)

‘전국책, 진책오(秦策五)’ 편에 나오는 구절로 큰 일을 해내는 사람들은 구십 리를 왔다고 해서 경거망동하거나 나태하지 않는 다. 그들은 작은 성공이나 가시적인 성과에 일희일비하지 않는 다. 일희일비 하지 않을 때는 다리가 짧아서 엉금엉금 기어갈 수밖에 없는 자라(snapping turtle)라 할지라도 천리를 갈 수 있다는 사실을 우리는 명심해야 한다. 반대로 아무리 능력이 뛰어난 인간이라도 작은 성공에 일희일비하게 되면, 곧 자만과 나태해질 수밖에 없게 되고, 큰 성공을 하지 못하게 된다.

우리의 선조들이 젊었을 때의 성공을 경계하는 이유가 바로 이것이다. 젊었을 때는 고생을 많이 해 봐야 한다. 젊었을 때 사서도 한 고생은 우리로 하여금 일희일비하지 않을 수 있는 내공을 기르게 해 주기 때문이다.

그래서 옛말에 ‘초년 고생은 돈을 주고도 못 산다.’ ‘초년 고생은 양식 지고 다니면서도 한다.’ ‘ 초년 고

생은 은을 주고 산다.' 라는 말들이 생겨났다는 사실을 명심하자.

미국 항공 우주국인 NASA에서는 우주 비행사라는 막중한 책임을 짊어져야 할 인력을 선발할 때, 독특한 경력을 가진 사람을 선호한다. 그 독특한 경력이란 어떤 상황에서도 일희일비하지 않고 침착함과 냉정한 이성을 유지할 수 있는 경험을 한 경력이다. 과연 어떤 경력이 그런 능력을 길러주는 경력일까? 그것은 바로 인생을 살면서 심각한 위기를 겪어 보고, 큰 실패를 했던 경험이었다.

NASA 에서는 달 착륙을 위한 아폴로 11호에 탑승할 우주인들을 선발했다. 그런데 이 우주 비행사 자리를 놓고 수많은 사람들이 지원을 했다. 기본적인 서류 심사를 통해 1단계에서 통과한 사람만 수천 명에 달했다. 그다음 단계로 NASA 에서는 특별한 테스트를 했는데 그것이 바로 엄청난 고생과 엄청난 실패의 경험을 가지고 있는 사람들만을 선발하는 테스트였다.

한 번도 큰 실패를 해 보지 않은 사람들은 아무리 머리가 좋고, 운동신경이 뛰어나다고 해도 우주 비행 중에 발생할 수 있는 다양한 위기 상황에서 동요되지 않고, 흔들림 없이 임무를 수행하고 위기를 극복해 낼 수가 없다는 것이다. 하지만 큰 실패를 해 본 경험이 있는 사람은 절대로 당황해서 경거망동하지 않을 수 있고, 어렵고 힘든 상황을 잘 극복해 낼 수 있다. 결국 어떤 상황에 직면하더라도 일희일비 하지 않는 진중한 사람이 필요하다는 것이다.

인생을 살아갈 때도 이와 다르지 않다. 우주 비행과 같이 다양한 상황을 만나게 되고 직면하게 된다. 그때마다 파도처럼 요동치고 심하게 흔들리고 일희일비한다면 더 큰 목표를 위해 나아가지 못하게 된다. 비범한 사람과 평범한 사람을 가르는 것은 바로 이것이다. 작은 성공에 그 사람이 너무 기뻐하고 자만하고 우쭐해지는지, 아니면 남들은 도저히 상상도 못 하는 엄청난 성공을 했음에도 눈썹 하나 머리카락 하나도 흔들리지 않고 자신의 일을 우직하게 해 나가는지 그것을 보면 알 수 있는 것이다.

현실에 수동적으로 일희일비 하지 않고, 어떤 현실 속에서도 주도적으로 날마다 파안대소 하며, 자신의 길에 몰입하며 사는 멋진 삶을 살도록 하자.

– 습관을 바꾸면 인생이 바뀐다

"성공한 사람들은 말의 절반이 칭찬이다."

칭찬하는 습관이 있는 사람들 대부분은 인간관계가 좋다. 사회생활이 부드럽고 즐거우며 유쾌하기까지 하다. 성공하는 사람들을 살펴보면 말의 절반이 칭찬이다. 나머지 반은 '죄송합니다. 미안합니다' 라는 말이다. 그만큼 성공하는 사람들, 행복한 사람들은 자기 위주가 아닌 상대방 입장에서 먼저 말을 한다. 보다 중요한 것은 칭찬도 하나의 습관이며, 그것도 매우 중요한 습관이라는 점이다.

칭찬에 인색한 사람치고 크게 성공하는 사람은 없다. 필자의 직장 생활을 살펴보니, 칭찬을 탁월하게 잘하는 사람들이 대부분 높은 자리까지 올라갔다.

부하 직원들의 숨은 에너지와 힘을 칭찬이라는 말 한마디로 끌어올릴 줄 아는 탁월한 능력을 가지고 있었다. 칭찬하는 습관이 성공을 위해 반드시 필요한지는 몰라도, 대부분의 성공한 사람들은 말의 절반이 칭찬이더라는 사실을 명심하자.

"행복한 사람들은 말의 절반이 감사이다."

성공하는 사람들의 말의 절반이 칭찬이라면, 행복한 사람들의 말의 절반은 무엇일까? 바로 감사하는 습관이다. 행복한 사람들의 말을 살펴보면 언제나 감사하고 있음을 쉽게 파악할 수 있다. 그만큼 감사는 행복하게 살기 위해 매우 중요한 습관임에 틀림없다. 감사하는 습관을 가진 사람은 가장 큰 즐거움을 만들어 내는 습관을 획득한 셈이다. 감사를 하면 우리는 가장 큰 즐거움을 맛볼 수 있다.

감사의 효과와 위력에 대해 최근의 심리학자들과 철학자들은 이전보다 많이 연구하고 있다. 그들은 활발한 연구를 통해 모든 인간에게는 행복할 수 있는 '기준'이 있다는 증거를 찾아냈다. 바로 감사하는 습관이다. 행복하고 건강하게 살고 싶다면 감사하는 습관을 만들어야 한다. 감사도 처음에는 힘들고 어려울 수 있다. 노력하고 의도적으로 감사하다 보면 나중에는 습관이 되어 날마다 감사할 수 있게 된다.

"우리가 반복적으로 하는 행동이 우리를 형성한다. 그러므로 위대함은 하나의 행동이 아니라 습관이다."

아리스토텔레스가 말도 습관 스위치의 강력함 때문이다. 칭찬하는 습관과 감사하는 습관을 통해 나오는 결과물은 부드럽고 윤택한 인간관계이다. 부드럽고 윤택한 인간관계는 성공과 행복의 제1 기술이다. 성공과 행복의 길로 갈 수 있는 최고의 길임에 분명하다. 칭찬하는 습관과 감사하는 습관 같은 좋은 습관은 성공과 행복을 얻는 좋은 기술인 것이다.

또 하나의 성공과 행복을 보장하는 습관은 결단하는 습관이다. 실패하는 사람들은 언제나 우유부단하여 도전하지 못하고, 망설이다가 기회를 놓쳐 버린다. 성공하는 사람들은 생각은 신중하게 하면서도 결단력 있는 행동을 보여 준다. 결단하는 습관이 크게 성공하는 사람들의 공통점이다.

성공의 조건을 제시하는 심리학자 중에 결단하는 습관을 꼽는 사람들이 많다. 우유부단한 사람치고 성공하는 사람은 매우 적다. 성공을 위해서는 결단력이 있어야 하고, 그 결단력을 실행하는 습관도 있어야 한다. 좋은 습관들을 많이 가진 사람일수록 성공하고 행복할 공산이 크다.

"실패한 사람과 성공한 사람의 차이는 단지 그들의 습관에 있다. 좋은 습관은 모든 성공의 열쇠이다."

오그 만디노는 자신의 저서 《이 세상에서 가장 위대한 세일즈맨의 비밀》이란 책에서 말하고 있다.

성공한 사람들을 살펴보면 비슷한 습관들을 많이 가지고 있다. 비슷한 습관 중에 대표적인 것이 아침형 습관이다. 비록 저녁형인 사람 중에 성공을 거둔 사람도 없지는 않지만, 대부분의 성공한 사람들은 아침 일찍 일어나는 아침형이다. 아침에 일찍 일어나는 습관을 가진 사람들은 하루를 보다 여유 있고 알차게 보낼 수 있다. 그렇지 못한 습관을 가진 사람보다 모든 면에서 유리하다.

습관은 우리 삶의 모든 부분에 큰 영향을 준다. 습관은 뇌의 자동 메커니즘과 매우 밀접하게 연관이 있고, 우리의 뇌는 사실상 모든 몸과 마음에 연결되어 있기 때문이다. 좋은 습관은 자신의 내면의 크고 위대한 능력과 에너지를 켜기 때문에, 크고 위대한 결과들을 만들지만, 나쁜 습관은 자신의 내면에 있는 부정적인 에너지만을 켜기 때문에, 부정적이고, 나쁜 결과들을 만들 뿐이다.

"습관을 바꾸는 것만으로도 자신의 인생을 바꿀 수 있다."

윌리엄 제임스의 말이 의미하는 바는 부정적이고 나쁜 결과를 만드는 나쁜 습관 스위치를 좋은 습관으로 변화시키면 인생도 바뀔 수 있다는 것이다. 우리가 가지고 있는 습관들을 재조명해 봐야 한다. 우리의 삶에 어떠한 영향을 주는지 평가하고 관찰해서 개선이 필요하다면 과감하게 개선해야 한다. 나쁜 습관인 경우에는 단호하게 버려야 한다.

성공으로 이끈 과거의 습관들이 평생 우리에게 필요한 습관들이라고 할 수는 없다. 과거 성공했을 당시의 환경이나 인간관계, 조건들이 미래에도 변하지 않고 그대로 있는다는 보장이 없다. 당장 일 년 후도 예측 불가인 급변의 시대이다. 과거 성공하던 때에 가지고 있던 습관들을 가장 최고의 습관이라고 쉽게 단정 지어서는 안 된다. 어떤 습관들은 버리고, 어떤 습관들은 개선함으로써 보다 나은 미래를 만들어 나갈 수 있다. 이미 가지고 있는 수많은 습관들을 날마다 변화시키고 개선해 나가야 한다는 사실을 꼭 명심해야 한다.

성공하게 만든 습관과 긍정적 생각, 신념들이 '보다 큰 성공'으로 가려는 시도를 방해할 수 있다는 것을 발견한 사람은 마셜 골드스미스이다. 마셜은 저서를 통해, 작은 성공을 거둔 사람들의 지나친 확신은 보다 큰 성공을 위한 행동 변화에 있어 또 다른 장애물이 될 수 있다고 했다. 긍정적인 생각, 습관에도 동일하게 적용이 된다고 한다.

지금껏 성공적으로 일을 해왔고, 성공도 거두었기 때문에 고쳐야 할 나쁜 습관은 없다고 많은 사람들이 확신해 버린다. 보다 큰 성공을 위한 습관의 변화에 집중하지 않는다. 정말 큰 성공을 거두는 사람이 그토록 적은 이유라고 한다.

어느 정도의 성공은 나쁜 습관이 있어도 때로는 가능하며, 이어질 수도 있다. 그 누구도 완벽한 습관을 가지고 있는 사람은 없다. 평생 동안 습관을 계속 개선해 나가는 데 집중하는 사람들이 큰 성공을 거둔다. 그런 사람들이 지속적인 성공을 오랫동안 거둔다.

생각 스위치만큼이나 다양한 종류가 있는 스위치가 습관 스위치이다. 습관들 중에서 가장 중요한 습관으로 '성공 습관'을 들고 싶다. 성공도 하나의 습관이라고 생각한다. 무슨 일이든지 해내는 사람들은 다른 일을 시작해도 해내고 만다.

작은 일에 성공한 사람은 큰일에도 성공할 공산이 크다. 일상에서 다양한 성공을 하는 사람은 성공 그 자체가 하나의 습관이 된다. 성공에 중독될 수 있다. 성공이란 열매의 달콤한 맛을 본 사람은 그 맛을 다시 보기 위해 혼신과 열정을 다해 노력하는 것이다.

– 습관은 어떤 일도 해낼 수 있게 해준다

러시아의 대 문호 도스토엡스키도 비슷한 말을 했다.

“습관이란 인간으로 하여금 그 어떤 일도 할 수 있게 만들어 준다.”

마라톤을 통해 쾌감을 느끼는 사람들이 많아서 ‘러너스 하이runners’ high’라는 용어도 발생 했다. 마라톤을 하면 어느 시점에서 말할 수 없는 즐거움이 몸속에서 발생된다. 마라톤에 중독되면 아침마다 어김없이 마라톤을 하는 강한 습관이 된다. 비가 와도 이 맛을 아는 사람들은 우산을 든 채로 하게 된다.

마라톤처럼 성공의 희열을 느낀 사람들은 성공이 또 다른 쾌감을 양산하는 중독 요인이 된다. 성공 습관을 형성하면 온몸과 마음의 에너지가 성공을 향하여 몰입하게 된다. 급기야는 성공을 습관처럼 해버리고 만다. 이것이 ‘성공 습관’ 스위치이다.

‘성공 습관’의 모델 기업이 ‘삼성’이다. 삼성이

처음부터 국내 1등은 아니었다. 한번 1등을 하자 그 후부터 1등이 습관이 되어 버렸다. 1등 할 때의 쾌감과 분위기와 방법을 터득하게 되었다. 2등에서 1등으로 올라서기 위해서는 남들보다 훨씬 많은 노력과 에너지와 힘이 든다. 하지만 한번 1등을 한 후부터는 적은 노력과 에너지로도 1등을 계속 하는 습관에 빠져든다.

'성공 습관' 의 최대 단점은 1등에 안주한다는 것이다. 삼성은 애플의 아이폰처럼 세상을 변화시킬 만한 혁신적인 제품을 만들지 못했다. 애플같이 적자 회사가 되어 보고, 절체절명의 위기에 빠져 본 회사들은 두 가지 길 중에 하나를 선택하게 되어 있다. 완전히 망해서 세상에서 사라지든가, 아니면 세상을 바꿀 만한 혁신적인 제품을 만들어 선도하는 기업이 된다. 적자 위기를 경험한 애플은 세계에서 가장 창조적인 기업이 될 수 있었다.

1등에만 안주하는 성공 습관을 가진 회사는 절대 창조적인 기업이 될 수 없다. 성공 습관이 어차피 기존의 무대에서 정형화된 고정 틀에 의해 형성된 것이다. 도저히 세상을 바꿀 만한 아이디어를 생각해 낼 수 없다. 생각해 낸다고 하더라도 실행에 옮길 수 없다. 성공 습관, 1등 하는 맛에 중독되어서 다른 것이 눈에 보이지 않는다.

도산 위기에 빠졌던 기업은 그 맛에 중독되어 보지 못했다. 세상의 정형화된 고정 틀과도 아무런 관계가 없다. 기존의 경기 판을 뒤집어엎어 버리고자 한다. 따라서 끊임없이 새롭고 혁신적인 상품을 생각해 내고 만들고자 하는 것이다.

1등을 한 번도 못 한 기업들에게는 1등에 안주하는 기업들이 위대해 보일지도 모른다. 하지만 1등에 안주하는 기업들은 그 이상이 될 수 없다. 자신을 넘어설 수 없다는 의미이다. 이러한 사실을 정확히 지적한 책이 짐 콜린스의 《좋은 기업을 넘어 위대한 기업으로》이다. 짐 콜린스는 수많은 기업들이 위대한 기업이 되지 못하고 그저 좋은 기업으로 남는 가장 큰 이유가 좋은 이윤과 좋은 매출에 안주하기 때문이라고 분명하게 말한다. 그럭저럭 만족할 만한 수준에서 만족하고 안주하기 때문에 좋은 기업에서 위대한 기업으로 넘어서지 못한다고 꼬집는다.

큰 성공을 지속적으로 성취하는 사람들에게는 현실에 안주하는 나태한 사고 습관이라는 마이너스 스위치가 없다는 공통점이 보인다. 현실에서 기쁨을 누리고 행복해도 미래에 보다 큰 성공을 위해 노력을 멈추지 않는 '계속 모드' 습관을 가지고 있는 사람들이 결정적인 스위치를 갖고 있는 셈이다.

"성공적인 미래는 현재 우리의 습관에서 비롯된다."

미래 삶의 모습은 현재 우리들이 무심코 하루하루 행동으로 옮기는 작은 습관들을 보면 예측할 수 있다. 좋은 습관은 미래의 성공과 행복을 부르고, 나쁜 습관은 미래의 실패와 불행을 부르게 되는 것이다.

그렇다면 습관은 어떻게 형성되는 것일까? 중추 신경인 뇌의 역할과 매우 밀접한 관련이 있다. 우리가 어떠한 행동을 21일 정도만 매일 하면, 물리적으로 뇌세포에서 흐름의 패턴이 굵고 촘촘하게 형성된다.

우리의 뇌는 가장 게으른 방법으로, 가장 에너지가 적게 드는 방법을 추구한다. 21일 동안 매일 하는 행동은 뇌에게 습관화된 행동으로 각인된다. 무의식중에 에너지가 적게 소비되면서도 자동적으로 하게 되는 것이다. 그렇게 '습관은 제2의 천성' 이 된다.

"습관은 나무껍질에 글자를 새긴 것과 같다. 나무가 커지면서 글자도 커지게 된다."

《자조론》의 새뮤얼 스마일즈의 말대로, 습관 스위치를 일단 켜기만 한다면 힘들지 않으면서 그 위력은 시간의 흐름에 비례하여 커지는 묘미가 있다. 그래서 습관이 그 어떤 스위치보다도 강력하다고 할 수 있다.

습관의 시작은 앞에서 말한 대로 20일 동안의 행동이 있어야 한다. 그 행동의 시작은 우리의 생각이어야 한다. 스마일즈는 다음과 같이 말했다.

"생각의 씨를 뿌리면 행동을 거둬들일 것이요, 행동의 씨를 뿌리면 습관을 거둬들일 것이요, 습관의 씨를 뿌리면 성격을 거둬들일 것이요, 성격의 씨를 뿌리면 운명을 거둬들일 것이다."

다음과 같이 바꾸어 말해도 동일한 의미이다.

“생각을 바꾸면 행동이 달라지고, 행동을 바꾸면 습관이 달라지며, 습관을 바꾸면 성격이 달라지고, 성격을 바꾸면 운명이 달라진다.”

습관을 바꾸면 성격도 달라진다. 우리의 습관이 또 다른 천성이 된다. 파스칼은 ‘제2의 천성인 습관이 제1의 천성을 파괴한다’ 라고 말했다. 자신의 성격에 맞지 않아도 습관화하면 또 다른 천성이 된다. 자신의 성격이 습관에 따라서 바뀌고, 인생도 달라질 수 있다.

남자들은 군대에 갔다 오면 많이 실감한다. 아무리 게으른 사람일지라도 군대에서는 규칙적으로 생활할 수밖에 없다. 생활이 바뀌고, 바뀐 생활이 습관이 되고, 나중에는 천성이 되어 버린다. 군인들은 천성이 어떻든 간에 일찍 일어나서 체조하는 습관, 규칙적으로 식사하는 습관 등이 몸에 배게 된다.

“우리의 유일한 한계는 스스로가 마음속에 정해놓은 것뿐이다.”

– 나폴레온 힐 –

第7장. 습여성성 習與性成 Ⅰ_ 위대한 성공 습관은 독서다.

그러므로 나는 사람이 자기 일에 즐거워하는 것보다 나은 것이 없음을 보았나니.
- 솔로몬

참고 견디는 게 아니라 기꺼이 하는 것, 바로 그것이 유쾌함의 본질이다.
- 아리스토텔레스

일이 즐거우면 인생은 낙원이지만, 의무에 불과하면 인생은 지옥이 된다.
- 고리키

어떤 일을 함에 있어 아는 자는 좋아하는 자만 못하며, 좋아하는 자는 즐기는 자만 못하다. - 공자

어떤 직업, 어떤 자리에 있건 자신의 일을 사랑하지 않는 이상은 결코 성공할 수 없다. - 노만 빈센트 필

성공하는 사람들에게는 독특한 특징이 하나 있다. 단순히 돈을 바라고 하는 일 이상으로 열심히 한다는 것이다. – 나폴레온 힐

성공의 비결은 단 한 가지, 잘할 수 있는 일에 광적으로 집중하는 것이다. – 톰 모나건

당신이 하는 일에서 행복을 찾아보자. 그렇지 못하면 당신은 행복이 무엇인지 결코 알지 못할 수도 있다.
– 앨버트 하버드

보통 사람은 자기의 일에 25% 정도의 능력만 투입한다. 세상 사람들은 50% 이상의 역량을 발휘한 사람에게는 모자를 벗고 인사하며, 100%를 헌신하는 극소수의 사람에게는 진심으로 경의를 표한다.
– 앤드루 카네기

당신이 좋아하는 일을 선택하라. 그러면 당신은 단 하루도 일할 필요가 없을 것이다. – 공자

나는 단 하루도 일한 적이 없다. 나는 항상 즐겼을 뿐이다. – 에디슨

가장 아름다운 운명, 누구에게나 일어날 수 있는 가장 놀라운 행운은 열정을 쏟을 수 있는 일을 하는 것이다. – 에이브러햄 매슬로

– 위인들의 위대한 성공 습관은 독서이다

먼저 엄청난 기부를 통해 참다운 행복과 성공의 길을 제시하고 있는 워렌 버핏을 예로 들어 보자. 그가 투자의 귀재가 되어 많은 부를 모으게 만들어 준 습관 스위치는 무엇일까? 바로 책을 읽고 공부하는 습관이다. 얼핏 사소해 보이는 작은 습관이 현재의 세계 최고 갑부 워렌 버핏을 만들어 주었다고 해도 과언이 아니다.

그는 언제나 남들보다 몇 배나 많은 책을 읽고 공부하는 습관이 되어 있다. 공부와 책을 통해 오랫동안 투자하여 큰 수익을 꾸준히 내면서 관리한다. 동시에 남들보다 앞서서 더 넓고 크게 내다볼 줄 아는 혜안과 통찰력을 겸비하게 되었다.

그는 어린 시절부터 지독한 독서광이었다. 그러한 습관은 나이가 들어서도 그대로 유지되었다. 얼마나 많은 책은 읽었는지는 그가 직접 한 말에서 알 수 있다. 그는 자신의 독서량이 일반인들의 5배가량은 될 것이라고 말한 적이 있다. 그는 사업을 시작하고 나서도 끊임없이 독서하고 공부하였다. 버핏의 일상은 책으로 시작하여 책으로 끝날 정도였다. 공부하는 습관, 책 읽는 습관, 손에서 책을 놓지 않는 수불석권手不釋卷 습관이 투자의 귀재 워렌 버핏을 만들었다.

책의 중요성에 대해 간결한 하나의 문장으로 사르트르는 이렇게 말했다.

"내가 세계를 알게 된 것은 책에 의해서였다."

우리에게 주어진 한계의 벽을 넘어서고, 넓은 세계를 알게 되는 방법은 오롯이 책으로 가능하다는 사실은 불변의 진리이다. 책을 가까이한다고 전부 성공하는 것은 아니지만, 크게 성공한 사람치고 책을 멀리하는 사람은 단 한 명도 없다. 필자가 추천하는 최고의 습관 스위치는 두말할 것 없이 독서 습관 스위치이다. '사람이 책을 만들지만, 그 책이 사람을 만든다' 는 말은 진리이다.

세계 최고의 갑부인 빌 게이츠를 만든 것은 동네 도서관이었다. 투자의 귀재 워렌 버핏을 만든 것은 보통 사람보다 5배나 많이 읽는 책들이었다. 우리나라 역사상 가장 위대한 임금인 세종대왕을 만든 것은 지독한 공부였다. 미국 역사상 가장 위대한 대통령인 링컨을 만든 것은 성경을 비롯한 좋은 책들이었다.

“오늘날의 저를 만든 것은 동네 도서관이었습니다.”

하버드 졸업장보다 독서하는 습관이 소중함을 알고 있었던 빌 게이츠는 세계 최고의 갑부가 되었다.

“임금이라도 공부하지 않으면 아무데도 쓸모없는 인간이 될 수밖에 없다.”

그토록 지독히 공부했기에 세종대왕은 우리나라 역사상 가장 위대한 임금이 될 수 있었다.

“나는 계속 배우면서 나를 갖추어 나간다. 언젠가는 나에게도 기회가 찾아올 것이다.”

링컨은 지독하게 책을 읽었다. 그 결과 링컨은 위대한 대통령이 될 수 있었다.

우리들이 알 수 있는 진리는 이것이다.

‘한 권의 책을 읽은 사람은 두 권의 책을 읽은 사람의 지도를 받게 되어 있다.’

시대를 초월하는 황금률이다. 백 권의 책을 읽은 사람은 이백 권의 책을 읽은 사람의 지도를 받게 되고, 천 권의 책을 읽은 사람은 이천 권의 책을 읽은 사람의 지도를 받게 된다.

나쁜 습관을 가진 사람은 좋은 습관을 가진 사람의 지도를 받게 된다. 당연히 좋은 습관을 가져야 한다. 지금 당장 자신이 가진 나쁜 습관은 무엇인지, 타인이 가지고 있는 좋은 습관은 무엇인지 살펴보고 바꾸도록 하자.

위대한 위인들과 갑부들을 만들어 낸 사소한 습관 스위치들을 살펴보다 생긴 의문이 하나 있다. 사소한 습관 스위치들이 켜지지 않았다면, 과연 지금 같은 위대한 위인으로 역사 속에 남을 수 있었을까?

세종대왕이 위대한 대왕이 될 수 있었던 것은 타고난 지능과 능력, 출생 배경이 전부였을까? 그가 왕이 될 수 있었던 것은 재능과 실력이라고 말할 수 있겠지만, 수많은 왕들 중에서 가징 위대한 대왕이 될 수 있었던 것은 지독한 공부 습관 때문이라고 말해도 과언이 아니다. 세종대왕이 얼마나 지독한 책벌레였는지에 대한 많은 증거 자료들이 있기 때문이다.

그는 임금이 되고 20년이 지나서도 책을 놓지 않았다. 세종대왕은 ‘식사 중에도 좌우에 책을 펼쳐 놓았다<세종실록>.’ 한밤중에도 책을 보았다. 그는 신하들에게 일을 시키고 자신은 한가롭게 쉬는 사람이 아니었다.

“내가 궁중에 있으면서 손을 거두고 한가히 앉아 있을 때가 없었다<세종실록>.”

그는 세상에 나와 있던 모든 책을 읽고 공부했다. 과연 임금의 위치에서 어찌 그렇게 고단하고 힘들게 공부한 것일까? 그 이유는 무엇일까?

“임금이라도 공부하지 않으면 아무 데도 쓸모없는 인간이 될 수밖에 없다.”

그는 몸을 축내면서까지 공부에 몰입했다. 밤을 새워

공부를 한 적이 많았다고 <세종실록>은 우리에게 전한다. 세종대왕의 공부에 대한 열정과 자세를 보고 주위 사람들은 도저히 이해를 못 했다. 왕의 위치에서 선비가 마치 과거 시험 준비하듯 공부할 필요는 없다고 생각하였다. 특히 조선의 창업자이며 할아버지인 태조는 세종의 공부에 몰두하는 자세를 심하게 걱정하면서 다음과 같이 질문할 정도였다.

"과거를 보는 선비는 이와 같이 공부해야겠지만, 어찌 임금이 그토록 고생하느냐?"

세종대왕이라는 위대한 대왕을 만든 것은 다름 아닌 지독한 공부 습관 스위치라는 사실을 다시 한번 강조하고 싶다.

미국의 작가 해롤드 에반스는 미국 대통령들 중에 독서 습관을 가지고 있었던 대통령 22명을 선정하였다. 22명 중에는 미국인들이 뽑은 훌륭한 대통령 상위 10명이 모두 포함되어 있었다. 우연이 아니라 그만큼 독서 습관이 사람을 훌륭하게 만든다는 사실을 뒷받침해 주는 증거라 할 수 있겠다.

- 21일이면 새로운 습관을 형성할 수 있다

"우리의 인생을 탁월함에 이르게 하는 것은 위대한 행동이 아니라 사소한 습관이다."

우리 인간은 습관의 동물이라는 사실을 확실하게 이해하면 충분히 삶에 적용 가능하게 된다. 습관 스위치는 인간의 생활을 지배하는 요소 중에서 강력한 요소이다. 한 인간을 강하게 만드는 것도, 나약하게 만드는 것도 습관 스위치의 역할이다.

습관은 모든 위대한 사람들의 하인이지만, 모든 실패한 사람들의 주인이기도 하다. 습관의 주인이 된다면 우리 인생의 주인도 될 수 있지만, 습관의 주인이 되지 못한다면 습관의 노예가 될 수밖에 없다. 습관하고는 친구가 될 수 없다. 우리가 습관의 노예가 된다면 우리 인생의 노예가 될 수밖에 없다는 사실도 명심해야 한다. 습관이 우리 인생을 지배하기 때문이다.

습관 스위치를 제대로 몸에 익히고 켜기 위해 우리는 며칠이나 노력해야 가장 효율적일까? 지금까지 심리학자들과 성공학의 거장들이 한결같이 주장하는 기간은 21일이다. 우리는 21이란 숫자에 주목해야 한다. 지금까지는 아무도 이 숫자에 주목하지 않았다. 습관 스위치를 켜고자 하는 사람이라면 반드시 주목해야 한다.

먼저 생물학적으로 우리의 중추 신경인 뇌가 습관으로 인식하고, 습관을 형성할 수 있도록 제공해야 할 최적의 기간이 21일이다. 우리의 뇌는 에너지 절약형 모드를 가장 선호한다. 가장 에너지가 적게 드는 방법을 고집한다. 가장 게으른 시스템이기도 하다. 습관을 형성하기 위해서는 그만한 투자를 해야 한다. 생체 시계가 교정되는 데 소요되는 최소한의 기간이다. 충분한 반복으로 시냅스 통로가 물리적으로 형성되어야 습관이 된다. 최적의 투자 기간이 바로 21일이다.

두 번째로, 성공학의 거장인 브라이언 트레이시가 주창한 PMAPositive Mental Attitude 프로그램에서 기본으로 삼는 기간이 21일이다. 21일 PMA 프로그램은 21일 동안 훈련을 통해 습관을 바꿀 수 있다는 의미이다. 아이들에게도 쉽게 적용된다. 21일 동안 매일 같은 시간에 학습지를 풀거나 책을 읽어 주면, 아이들은 자동적으로 습관이 되어 힘들이지 않고 쉽게 할 수 있게 된다.

세 번째로, 21이란 숫자는 무엇인가를 다른 무엇으로 바꾸기 위한 최적의 숫자이다. 주사위의 모든 숫자를 합하면 21이고, 병뚜껑의 돌기 수는 모두 21개이다. 우리에게 소중한 공기 중에는 21%만이 산소이다. 21번 이상 훈련받은 사람들이 가장 효과적인 성과를 거둔다는 사실이 모의 훈련 결과 밝혀졌다. 간의 경우 80%의 세포가 파괴되더라도, 나머지 20% 이상의 간세포로 본래의 기능을 수행하는 데 아무 문제가 없다.

네 번째로, 21일 동안 무엇인가를 집중적으로 하면 세계 최고의 작품이 나올 수 있다. 헨델은 오라토리오 <메시아>라는 명곡을 21일 동안 거의 쉬지 않고 작곡하여 불후의 명작을 만들었다. 21일이란 숫자가 부족해 보이지만, 불후의 명곡이 나오기에 부족함이 없는 기간이었다.

다섯 번째로, 21이란 숫자는 유명한 80:20 법칙, 즉 파레토 법칙과 매우 연관성이 깊다. 파레토 법칙이란 전체 결과의 80%가 전체 원인의 20%에서 일어난다는 의미이다. 전체의 결과를 결정짓는 것은 겨우 원인의 20%

에 달려 있다는 법칙이다. 무엇이든 21%의 성분이나 원인을 통해 충분히 결과를 뒤바꾸어 놓을 수 있다는 의미이다.

무엇보다 21일은 한 사람의 인생을 결정지을 수 있는 습관이 형성되기에 가장 최적의 기간이다. 이제 우리도 21일 동안 새로운 습관 스위치를 하나 만들어 보자.

– 부자들은 부자들만의 습관이 있다

《자수성가한 억만장자의 6가지 조언》의 저자인 마이클 매스터슨은 부유해지는 데는 시간이 걸리지만, 생각만큼 오랜 시간이 걸리지는 않는다고 말한다. 그는 부를 형성하기 위한 6단계를 구체적으로 제시했다. 제1단계는 '현실을 직시할 것', 제2단계는 '부자가 되기 위한 계획을 세울 것', 제3단계는 '부자의 습관을 개발할 것'이다. 나머지 단계들은 '개인의 소득을 급격히 증대시킬 것', '잠자는 사이에도 부를 쌓아 가도록 할 것', '조기에 은퇴할 것' 등이다.

부자들은 평범한 사람들과는 분명 다른 면이 있다. 부자들에게는 돈을 모으는 구체적인 습관이 있다. 가난한 사람들은 자신들을 더욱더 가난하게 만드는 특정한 습관들이 있다. 마이클 매스터슨은 공통적으로 부자들이 가지고 있는 습관, 즉 부를 자동적으로 형성시키는 주요한 습관들이 다음과 같은 것들이라고 주장한다.

* 부자들은 일을 열심히 하는 습관이 있다.
* 부자들은 자신이 하는 일에 누구보다 능숙하다는 습

관이 있다.

* 부자들은 다양한 소득원을 확보하는 습관이 있다.

* 부자들은 비교적 값이 싼 주택에 거주하는 습관이 있다.

* 부자들은 적정한 소비 수준을 유지하는 습관이 있다.

* 부자들은 절약에 있어서 탁월한 능력을 발휘하는 습관이 있다.

* 부자들은 먼저 자신을 위해 지불하는 습관이 있다.

* 부자들은 자신들의 돈을 계산하는 습관이 있다.

성공하는 사람들을 면밀히 살펴보면, 그렇지 못한 사람들과 다른 습관을 적어도 한두 가지를 가지고 있다. 다른 사람들이 가지고 있지 않은 한두 가지의 작은 습관들이 하루하루 모여서 결국엔 큰 바다가 형성된다. 《리스펙트》의 저자이면서 미국의 TV 프로그램 <인사이드 에디션Inside Edition>의 진행자인 데보라 노빌의 말을 들어 보자.

그녀는 자신의 저서를 통해, 성공하는 사람들은 성공의 씨앗을 끊임없이 뿌리는 사람들이라고 말한다. 그들에게는 파종기와 수확기가 따로 있지 않고, 매 순간이 성공의 씨앗을 뿌리는 순간이라고 한다. 그렇게 뿌리는 성공의 씨앗이 여기저기서 자라서 다른 사람들보다 크고 빠르게 성공한다고 한다. 그 성공의 씨앗이 바로 존중하는 습관이라고 명확히 말한다.

다른 사람을 존중하면 그들로부터 우리도 존중을 받는다. 그것이 성공의 밑거름이며, 씨앗이다. 맥도널드의 창업자인 레이 크록이 가장 중요하게 생각하는 가치가 '인간 존중' 이다. 그는 성공의 비결을 존중하는 습관에 두고 있다고 한다. 그는 다음과 같이 말했다.

"서로를 존중해야 함께 성공한다."

그의 말에 신빙성이 있다고 경영학자들이 잘 설명해준다. 경영학자들은 전 세계 120여 개국에서 3만 개가 넘는 매장을 운영하고 있는 거대 기업 맥도널드의 성공과 유지에 '존중하는 습관' 과 '존중하는 원칙' 이란 토대가 없었다면 불가능했을 것이라고 평가하고 있다.

지금은 많은 기업들이 당연하게 생각하지만, 맥도널드는 창업할 때부터 어느 나라에 지점을 세우든 반드시 지키는 원칙이 하나 있었다. 그 나라 사람들을 존중하고,

그 나라 사람들의 입맛을 최대한 인정해 주어야 한다는 원칙이다. 이러한 원칙이 지금의 거대 기업 맥도널드를 가능하게 했다. 나라마다의 차이, 사람마다의 차이를 인정하고 존중했기에 지금의 맥도널드가 존재할 수 있었다.

성공과 행복의 원칙은 인간 존중이라는 기본적인 원칙에 의해 결정된다. 성공과 행복의 토대는 사실 근면과 성실, 열정, 노력 같은 것이 아니다. 보이지 않게 흐르는 인간 존중의 원칙, 상부상조의 원칙, 나눔과 베풂의 원칙 같은 기본 원칙이라는 점을 다시 한 번 상기해야 한다. 가장 중요한 원칙 중에 원칙이기 때문이다.

– 좋아하는 일을 하는 것이 성공 비결이다

“일이 즐거우면 인생은 낙원이지만, 의무에 불과하면 인생은 지옥이 된다” 라고 고리키는 말했다. 명언이다. 자신이 하는 일이 즐거운 사람만큼 행복한 사람은 없다. 그러한 사람이 가장 행운아임은 틀림없는 사실이다. 심리학자 에이브러햄 매슬로는 말했다.

“가장 아름다운 운명, 누구에게나 일어날 수 있는 가장 놀라운 행운은 열정을 쏟을 수 있는 일을 하는 것이다.”

많은 사람들은 자신이 하고 싶은 일이 아니어도 생계를 위해 어쩔 수 없이 하고 있다. 자신이 좋아하는 일, 즐거운 일, 열정을 쏟을 일을 하는 사람은 행복한 사람이고 행운아인 것이다. 공자는 ‘당신이 좋아하는 일을 선택하라. 그러면 당신은 단 하루도 일할 필요가 없을 것’ 이라고 말했다. 에디슨은 ‘나는 단 하루도 일한 적이 없다. 나는 항상 즐겼을 뿐’ 이라고 했다. 위대한 위인들은 모두 자신이 진정으로 좋아하는 일을 했다는 공통점이 있다.

자신이 좋아하는 일, 나아가서 진정으로 자신의 일을 즐기는 자는 아무도 당해 낼 수 없다. 즐거움을 통해 내면의 무한한 에너지와 힘이 솟아난다. 자신이 좋아하는 일을 하는 사람이 그 분야에서 크게 성공할 수 있다.

비록 재능이나 능력이 부족하다 해도 자신의 일을 진정으로 좋아하고 즐기다 보면 어느새 정상의 자리에 올라서 있는 자신을 발견하게 된다. 이른바 성공과 일의 법칙이다. 노만 빈센트 필은 다음과 같은 말을 했다.

"어떤 직업, 어떤 자리에 있건 자신의 일을 사랑하지 않는 이상은 결코 성공할 수 없다."

재미있는 연구 결과를 살펴보자. 마크 앨비언 박사는 비즈니스 스쿨 졸업생 1,500명을 대상으로 직업과 관련된 재미있는 조사를 했다. 먼저 돈을 벌기 위해 직업을 선택한 비율이 83%로였다. 1,245명이 자신의 적성보다는 생계나 돈 때문에 직업을 선택했다. 나머지 17%인 255명의 졸업생들만이 돈보다 자신이 좋아하고 적성에 맞는 직업을 선택했다.

그러고 나서 20년이라는 세월이 흘러 101명의 백만장자가 탄생했다. 놀랍게도 돈 때문에 직업을 선택했던 1,245명 중에 오직 한 명만이 큰돈을 벌었다. 반대로 돈보다 자신이 좋아하고 적성에 맞는 직업을 선택했던 255명의 졸업생 중에 40%가 약간 안 되는 100명이 큰돈을 번 백만장자가 되어 있었다.

일을 잘 선택하는 것이 성공과 행복의 기술임이 분명하다. 일을 잘 선택하는 것이 매우 중요한 이유가 또 있다. 미국 정부는 앞으로 10년 후에는 현존하는 직업의 80%가 사라진다고 발표했다. 사라질 직업을 위해 많은 연습을 하고 관련 지식을 쌓은 사람은 분명 힘들어 질 것이다. 역시 직업을 잘 선택하는 것이 성공과 행복의 기술이다.

《성공의 법칙》의 저자인 나폴레온 힐은 성공의 15가지 법칙 중에서도 매우 중요한 법칙이 '보수보다 많은 일을 하는 습관'이라고 주장했다. 자신이 받는 급여보다 많은 양의 일을 하면 그만큼의 보답을 받게 된다. 문제는 그렇게 많은 일을 해도 마음이 즐거울 수 있어야 한다는 점이다. 다시 말해 자신의 적성이나 취향에 맞는 직업을 택해야 한다. 자신이 좋아하는 일을 해야 하는 중요성을 재차 강조하는 바이다.

직업을 잘 선택해야 하는 또 다른 중요한 이유가 있다. 날마다 자신이 하는 일에서 기쁨과 즐거움을 발견하는 것이 장수하는 사람들의 5가지 특징 중에 하나였다. 자신이 하는 일에서 참된 기쁨과 즐거움을 발견하고 기뻐하는 사람이 결국엔 건강도, 부도, 행복도 얻는 다.

《평범했던 그 친구는 어떻게 성공했을까?》의 저자인 토마스 A. 슈웨이크는 세계적으로 성공한 100인을 면담했다. 그는 성공한 사람들은 전부 자신들이 끔찍이도 좋아하는 일을 했다는 결론을 도출했다. 정말로 좋아하는 일을 하지 않으면 자기 안에 있는 잠재력을 100% 발휘할 수 없다.

크게 성공한 사람들은 하나같이 자신의 일을 누구보다 사랑한 사람들이었다. 그래서 일 스위치가 엄청나게 크게 켜질 수 있었고, 엄청난 능력과 에너지가 발휘될 수 있었다. 타이거 우즈는 누구보다 골프를 좋아했고 사랑했던 사람이다. 누구보다 골프를 즐긴 사람이었다. 마이클 조던은 누구보다 농구를 즐겼던 사람이다. 자신이 좋아하는 일을 잘 선택해서 하면 그 일 자체가 좋은 스위치가 된다. 돈만 쫓아서 자신이 하기 싫은 일을 선택하면 그 일은 스위치의 역할과 기능을 못 한다.

앤드루 카네기는 인간이 성공하기 위해 필요한 요소로 '일에 대한 100% 헌신' 을 꼽았다. 프로이트는 행복하기 위해 필요한 요소로 '인간관계로 대변되는 사랑' 과 '일상생활과 밀접한 관련이 있는 일' 을 꼽았다. 일을 하지 않거나 가치 있는 일이 없는 사람이 오직 좋은 인간관계만을 가지고 행복과 성공을 이룰 수는 없다. 자신의 모든 것을 바쳐서 헌신하고 완성시켜야 할 일이 필요하다. 자신이 좋아하는 일을 하는 사람이 행복할 수밖에 없고, 결국 성공할 수밖에 없다.

어떤 일에 열중하기 위한 첫째 비결은 자신이 진정으로 좋아하는 일을 하는 것이다. 자신을 진정으로 행복하게 만들어 줄 일을 찾아서 해야 한다. 두 번째 비결은 그 일의 가치를 발견하고 굳게 믿는 것이다. 자신이 하는 일이 매우 가치가 있다고 굳게 믿어야 저절로 열중할 수 있고, 성과도 높아진다. 데일 카네기는 말했다.

“어떤 일에 열중하기 위해서는 그 일의 가치를 굳게 믿고, 자신에게 그것을 성취할 힘이 있다고 믿으며, 적극적으로 그것을 이루어 보겠다는 마음을 가져야 한다. 그러면 낮이 가고 밤이 오듯이 저절로 그 일에 열중하게 된다.”

직업이 자신을 세상에서 가장 열정적이고, 세상에서 가장 행복한 사람으로 만들어 줄 수 있어야 한다. 그 직업이 자신의 자아실현을 가능하게 해주어야 한다. 그 직업이 10년 후에 사양길로 접어드는 직업이 아니어야 한다. 물론 안정적인 수익과 어느 정도의 부를 가지고 누구보다 행복하고 성공적인 삶을 살고 있는 사람이 훨씬 많다. 무엇보다 자신이 가고자 하는 길을 설정한 후 직업을 선택해야 한다.

앨버트 아인슈타인은 이러한 말을 했다.

“만약 a가 인생의 성공을 의미한다면, a=x+y+z라는 방정식이 성립한다. 이 방정식에서 x는 일, y는 운동, z는 휴식을 의미한다.”

20세기의 최고의 과학자로 평가받고 있는 그는 성공을 위해서 반드시 필요한 요인 세 가지 중의 하나로 일을 꼽고 있다. 더욱이 자신을 열광시킬 수 있고, 몰입하게 할 수 있는 일이라면 더 말할 필요도 없이 성공으로 향하는 최상의 조건이며, 동시에 최고의 조건인 셈이다.

아는 것은 좋아하는 것만 못하고, 좋아하는 것은 즐기는 것만 못하다는 말처럼, 자신을 진정 행복하게 하고, 가슴 뛰게 하고, 즐겁게 해주는 일을 선택해야 한다. 그 일을 진정으로 즐기며 하는 자는 이미 성공한 자와 다를 바 없다.

오히려 성공과 출세에만 집착해서 아등바등 평생 살다가 인생의 마지막 끝자락에서 겨우 출세하는 사람보다 낫다. 훨씬 삶의 질과 내용은 충만하고 행복하며, 보다 성공적인 삶이라고 할 수 있다.

자신이 미치도록 행복해지는 일을 선택하는 것이 가장 좋다. 형편과 처지가 여의치 않아서 어쩔 수 없이 적성에 맞지 않는 일을 하는 사람은 마음을 완전히 비워야 한다. 아리스토텔레스는 '참고 견디는 게 아니라 기꺼이 하는 것, 바로 그것이 유쾌함의 본질이다' 라고 말했다.

– 성공하는 비결은 일도 놀이처럼 하는 것이다

세계 최고의 검색 엔진 기업인 구글은 직원들에게 자신이 가장 좋아하는 것을 할 수 있는 시간을 보장해 준다. 지금 구글은 미래를 접수하고 있으며, 미국 역사상 최단기간에 급성장한 전도유망 기업이 되었다. 통신, 유통, 동영상, 사진, 지도, 부동산 등의 광범위한 분야로 급속히 사업 영역을 확장하고 있다. 구글의 저력은 직원들로 하여금 자신이 좋아하는 것을 마음껏 자유롭게 할 수 있도록 해주었기 때문이다.

좋아하는 일을 하면 그 위력은 자신의 능력을 초월한다. 자신이 좋아하는 일을 했던 사람들이 거장이 되고 큰 성공을 이루는 모습을 많은 분야에서 볼 수 있다. 일 스위치는 한마디로 성공으로 직통하는 핫라인인 셈이다. 그 일이 자신의 가슴을 뛰게 할 만큼 행복하게 만드는 일이라면 그는 이미 성공한 사람이다.

많은 사람들이 성공하기를 원하는 이유는 행복하기 위해서이다. 자신이 하는 일을 통해 더할 나위 없이 행복하다면 그는 이미 성공한 것과 다름이 없다. 자신이 좋아하는 일을 하는 것이 크나큰 행운이며, 가장 좋은 선택이다.

《호모 루덴스》의 저자인 요한 호이징가는 말했다.

"모든 문명은 놀이 속에서 놀이로서 생겨나며 놀이를 떠나는 법이 없다."

그의 말은 일을 놀이처럼 생각하며 놀이하듯 해야 몰입할 수 있고, 따라서 창의성이 나오고 에너지가 나온다는 의미를 함의하고 있다. 일을 할 때조차도 놀이하듯 재미있게, 즐겁게 하지 않으면 어떠한 문명도 생겨나지 않았을 것이라는 의미이다. 모든 문명의 발달은 일을 놀이로 생각하고 진정으로 즐기면서 하는 사람들을 통해 이루어졌다. 결코 일을 생계의 수단으로 마지못해 하는 사람들에게서 문명이 생겨나지 않았다.

성공과 행복은 일을 얼마나 놀이처럼 할 수 있느냐에 달려 있다. 일 스위치를 통해 자신의 내면에 잠자고 있는 다양한 에너지와 재능을 얼마나 켤 수 있는지와 직결된다. 일과 놀이를 하나로 보는 사람은 가장 행복한 사람이고, 가장 성공적인 삶을 살아가는 사람이다. 인생에서 가장 큰 행복은 자신이 가장 좋아하는 일을 발견하고, 그 일을 하는 사람이다. 우리 인생에서 이보다 큰 행복은 없을 것이다.

영국의 철학자 버트런드 러셀은 '학자들과 얘기할 때는 행복이란 더 이상 가능하지 않다는 느낌을 강하게 받지만, 정원사하고 얘기할 때는 그 반대의 확신이 든다'는 말을 친구에게 했던 적이 있다. 무엇인가를 하는 사람, 자신의 일에서 기쁨과 보람을 느끼는 사람들에게 행복이 숨어 있다는 의미이다.

행복의 본질은 소유나 소비가 아니라, 무엇인가를 추구하고 일을 한다는 것에 있다. 소비보다는 생산을 통해 행복할 수 있다는 사실을 명심해야 한다. 쾌락이나 유흥은 소비 쪽에 가깝다. 진정한 행복을 느낄 수 없다. 일과 창작은 무엇인가를 자꾸 생산하고 만들어 내는 것이어서 진정한 행복을 느낄 수 있다.

에필로그 : 성공과 행복은 우리 안에 있다

세계적인 베스트셀러 작가인 파울로 코엘료는 《연금술사》에서 다음과 같은 말을 했다.

“무언가를 간절히 바라면 온 우주가 당신의 소망이 실현되도록 도와준다.”

이 말은 우리가 행복하고 성공적인 삶을 살아가는 데 있어 가장 명심해야 할 말 같다. 간절함은 우리로 하여금 움직이게 하고, 생각하게 하고, 돌파하게 하는 힘을 준다. 그것이 바로 성공과 행복의 삶으로 옮겨 가게 해주는 최대의 원동력이다. 간절하게 보다 나은 삶을 소망하고, 그 간절한 소망으로 실천하면 누구라도 반드시 행복하고 성공적인 삶을 살아갈 수 있다.

미래는 절대 기다려서는 안 된다. 우리 스스로가 만들어야 한다. 행복과 성공도 절대 기다려서는 안 된다. 간절히 바라고 만들어 나가야 한다. 우리는 성공하고 행복하게 사는 기술을 이 책을 통해 배웠다. 이제는 그러한 삶을 실제로 살아 보자.

성공과 행복의 기술은 우리 안에 있다. 우리 안에 있는 마음이 우리를 행복하고 성공적인 삶을 살아갈 수 있게 해주는 도구가 된다는 사실을 명심하자.

2차 세계대전 중에 이탈리아에서 근무하던 미국의 의사 헨리 비처는 부상병들이 쉴 새 없이 몰려들고 고통을 호소하자 바닥 난 모르핀 대신 아무 영향도 줄 수 없는 식염수를 모르핀이라 속이고 주사했다. 식염수를 모르핀으로 알고 있던 병사들은 더 이상 고통을 호소하지 않았다. 심지어 팔다리 절단 수술도 받을 수 있게 되었다.

결국 모든 것은 우리의 마음에서 비롯되고 결정된다. 성공과 행복도 우리의 마음에서 시작되어 행동으로 완성된다. 그 사실을 깨닫고 실천하면 행복하고 성공적인 삶을 살아갈 수 있는 사람이 되리라 믿어 의심치 않는다.

“ 나에게는 하늘이 주신 세 가지의 은혜가 있습니다. 첫째로 가난한 집에서 태어났기 때문에 부지런히 일해야 살 수 있다는 진리를 깨달았고, 둘째로 약하게 태어났기 때문에 건강의 소중함을 깨달아 90세를 넘길 때까지 건강하게 살 수 있었으며, 셋째로 초등학교도 졸업하지 못했기 때문에 이 세상의 모든 사람을 스승으로 삼았던 것입니다. 이 세 가지가 제 성공의 비결이었습니다. 지금 우리가 겪는 고통과 어려움의 시간들이 시련의 시간들이라면 이것이 곧 성공을 위한 축복의 시간들입니다."

마스시다 전기의 창업자인 마스시다 고노스케는 시련과 역경의 삶을 제공해 준 세 가지 불행을 오히려 축복이라고 생각했다. 그 결과 그는 위대한 성공을 할 수 있었던 것이다. 그처럼 어렵고 힘겨운 현실 속에서도 우리의 마음에서 그것을 어떻게 받아들이고 어떻게 대처해 나갈 것인가에 따라 우리가 맞이하게 되는 내일의 모습은 전혀 다르게 바뀌게 된다. 성공과 행복은 우리의 외부 환경에 달린 것이 아니라, 바로 우리 내면에 달려 있다.

그러므로 우리 안에서부터 성공을 하자. 우리 내면에서 우리가 성취하고 이루었다면 그것은 이내 곧 외부 세계로 이어지게 되고, 현실이 되어 눈앞에 나타나게 될 것이다. 마음에서부터 성공과 행복의 기술을 연습하고 성취해 낼 때 우리의 외부와 우리의 삶은 성공과 행복으로 가득 차게 될 것임을 의심치 않는다.

끝으로 랠프 왈도 에머슨의 말을 통해 진정한 성공에 대해 다시 한번 되새겨 보자.

“자주 많이 웃는 것, 현명한 사람에게 존경받고 아이들에게 사랑받는 것, 정직한 비평가의 찬사를 받는 것, 친구의 배반을 참아 내는 것, 아름다움을 구별할 줄 알고, 다른 사람에게서 최선을 발견하는 것, 건강한 아이를 낳든 한 뙈기의 정원을 가꾸든 사회 환경을 개선하든 자신이 태어나기 전보다 세상을 조금이라도 살기 좋은 곳으로 만들어 놓고 떠나는 것, 그리고 자신이 한때 이곳에 살았음으로 해서 단 한 사람의 인생이라도 행복해지는 것, 그것이 진정한 성공이다.”

판권

초판 인쇄: 2025년 12월 01일
초판 발행: 2025년 12월 01일

발행인: 김병완
발행처: (주) 플랫폼연구소

출판등록: 제 2020-000075호

이메일: pflab2020@naver.com

주소:서울시 강남구 삼성동 116 백우빌딩 402호

ISBN 979-11-24195-13-0(03190)